全球主要国际航空枢纽竞争力评价研究

李艳伟 著

清华大学出版社
北京交通大学出版社
·北京·

内 容 简 介

本书在系统梳理国内外航空枢纽竞争力研究的基础上，依据国际航空枢纽竞争力内涵、演化机制，建立国际航空枢纽竞争力评价指标体系，并设置评价原则，对全球主要国际航空枢纽进行筛选。最后选择北京首都机场、上海浦东机场、广州白云机场、迪拜机场、伦敦希思罗机场、巴黎戴高乐机场、阿姆斯特丹史基浦机场、香港机场、首尔仁川机场、法兰克福机场、新加坡樟宜机场、曼谷素万那普机场、纽约肯尼迪机场、吉隆坡机场、东京成田机场等 15 个主要的全球国际航空枢纽进行实证分析。根据评价结果从航空运输规模、航线网络拓展、运行效率、服务品质、财务品质等维度提出我国国际航空枢纽竞争力提升的建议。

图书在版编目（CIP）数据

全球主要国际航空枢纽竞争力评价研究/李艳伟著．—北京：北京交通大学出版社：清华大学出版社，2023.4

ISBN 978-7-5121-4907-6

Ⅰ.①全… Ⅱ.①李… Ⅲ.①民用航空-机场-竞争力-研究 Ⅳ.①F560.81

中国国家版本馆 CIP 数据核字（2023）第 043100 号

全球主要国际航空枢纽竞争力评价研究

QUANQIU ZHUYAO GUOJI HANGKONG SHUNIU JINGZHENGLI PINGJIA YANJIU

责任编辑：谭文芳

出版发行：清 华 大 学 出 版 社　　邮编：100084　　电话：010-62776969　　http://www.tup.com.cn
　　　　　北京交通大学出版社　　邮编：100044　　电话：010-51686414　　http://www.bjtup.com.cn
印 刷 者：北京虎彩文化传播有限公司
经　　销：全国新华书店
开　　本：210 mm×285 mm　　印张：12　　字数：345 千字
版 印 次：2023 年 4 月第 1 版　　2023 年 4 月第 1 次印刷
定　　价：89.00 元

前　　言

自改革开放以来，经过 40 余年的建设、发展，我国民航运输在综合交通运输体系中发挥的作用日益显著。民航旅客运输周转量在综合交通运输中的占比由 2000 年的 8.17% 提升至 2019 年的 33.11%。2020 年初新冠疫情全球暴发后，我国民航运输更是在抗疫物资运输、促进复工复产、关键物资保通保运中发挥了重要作用。2021 年，全行业完成运输总周转量 856.75 亿吨千米，完成旅客周转量 6 529.68 亿人千米，完成货邮运输量 731.84 万吨。据《中国民航发展阶段评估报告》研究结果显示，2019 年我国已基本实现从民航大国向单一航空运输强国的跨越。这是我国民航自 2005 年运输总周转量成功跃居世界第二、成为名副其实的民航大国之后，又一个新的历史性跨越。"十四五"期间，我国民航发展进入从单一航空运输强国向多领域民航强国"转段进阶"的关键时期，所面对的国际、国内发展形势不确定性提高，民航运输转变发展模式、实现高质量发展的需求更加迫切。

民航运输机场是民航运输系统的核心组成。完整的航空客货运输服务过程，需要民航运输机场、航空公司及空管等运行单位，协同其他保障部门共同完成。截至 2021 年末，我国境内运输机场（不含香港、澳门和台湾）共 248 个，共完成旅客吞吐量 9.07 亿人次，货邮吞吐量 1 782.80 万吨。其中，旅客吞吐量千万量级以上机场 29 个，旅客运输规模占全民航运输机场的 70.8%；航空货邮运输方面的集中度更高，该 29 个机场年货邮吞吐量合计占全国货邮运输规模的 90.1%。北京、上海和广州三大城市机场货邮吞吐量占全部境内机场货邮吞吐量的 44.9%。无论从网络产业特性，还是运输规模贡献来看，旅客吞吐量千万量级机场作为航空网络核心节点，决定了我国民航运输基础设施布局及核心能力形态、航空网络结构特征、骨干网络强度等方面内容。实现中国民航高质量发展，对这些网络核心节点的能力提升提出了现实需求。

在旅客吞吐量千万量级机场所在城市中，海关总署 2021 年公布的《国家"十四五"口岸发展规划》中明确指出，将北京、上海、广州、昆明、重庆、成都、深圳、乌鲁木齐、西安、哈尔滨这 10 座城市定为国际航空枢纽城市。这些城市中的运输机场除了满足国内航空运输需求外，还被赋予了在国际市场发挥更大作用的使命。尤其伴随着京津冀协同发展、长三角一体化、粤港澳大湾区协同发展、成渝地区双城经济圈建设等国家区域发展战略的陆续出台，北京首都机场、北京大兴机场、上海浦东机场、广州白云机场、深圳宝安机场、成都天府机场作为这些城市群或都市圈的核心航空枢纽，需要肩负更重的历史发展责任。基于此，需要加强对我国国际航空枢纽能力进行系统性分析与研究，以促使其更好地参与国际航空运输市场活动，更好地发挥区域经济社会发展引擎作用，服务国家区域经济发展战略。

本书以企业竞争力理论、综合评价技术及理论、系统分析等理论为基础，对国际航空枢纽竞争力评价问题进行研究，建立国际航空枢纽竞争力评价理论模型，将我国北京、上海及广州等国际航空枢纽与全球其他国际航空枢纽进行评价实证，以期掌握我国国际航空枢纽发展的真实状态、能力优势及短板，并根据评价结果给出我国北京、上海及广州等国际航空枢纽竞争力提升建议。本书在内容组织上，共由以下三部分组成。

第一部分为"国际航空枢纽竞争力评价理论"研究，由第一章至第四章组成。首先，运用文献计量工具对国内外国际航空枢纽研究进行综述，通过对已有文献的梳理，探求国际航空枢纽研究发展趋势及动态，捕捉研究前沿，为国际航空枢纽竞争力评价奠定理论基础。其次，依据资源能力学派理论，从资源、能力及环境三个维度构建国际航空枢纽竞争力形成机制，并结合竞争力理论对国际航空枢纽竞争力内涵进行界定，总结国际航空枢纽运行特征及发展关键因素。再次，从运输规模、网络通达性、网络中转衔接效率、运行效率及服务、财务品质等五个方面建立国际航空枢纽竞争力评价指标体系。最后，依据评价目标及指标特征，确定评价方法，并遵循规模相当、具有较强国际影响力、具有一定竞争性及兼具典型行业特色等原则，确定包括我国北京首都机场、上海浦东机场、广州白云机场、香港机场，德国法兰克福机场、英国伦敦希思罗机场、美国纽约肯尼迪机场等在内的 15 个全球主要国际航空枢纽作为参评对象。

第二部分为"国际航空枢纽竞争力评价实证"研究，由第五章至第十章组成。本部分针对覆盖东南亚、东北亚、欧洲、北美等不同区域的 15 个国际航空枢纽，收集基础数据，对 5 个一级指标 15 个二级指标 38 个三级指标开展综合评价，并对结果进行分析、排序，确定我国主要国际航空枢纽的优势指标、需强化指标及短板指标。通过评价可以看出我国内地的主要国际航空枢纽优势主要集中于依托国内庞大运输市场基础而获得的优势。例如，我国参评国际航空枢纽在国内通达机场数量、国内旅客吞吐量、国内货邮运输规模等指标上都具备一定优势，这些都需要国内腹地市场资源的支撑。我国内地主要国际航空枢纽的短板指标数量明显高于优势指标数量。需要提升的短板指标主要聚焦于国际客货运输市场、国际枢纽中转能力、运行品质及财务品质等方面。这些指标都是我国国际航空枢纽未来需要重点关注及努力提升的方面。

第三部分为"我国主要国际航空枢纽发展建议"研究，由第十一章至第十五章组成。为了提高对国际航空枢纽实践的借鉴意义，在第二部分评价实证基础上，结合民航发展趋势及不同国际航空枢纽资源、能力及环境特征，对北京、上海及广州三个城市的航空枢纽提出竞争力提升建议。包括：从提高资源精细化利用水平、优化航班运行组织方式等方面提出提升枢纽运输规模建议；从增强国际枢纽干线网络强度、综合交通枢纽建设等方面提出提高网络通达性建议；从增强以航班时刻衔接为基础的中转产品设计、加强与其他交通运输方式的接驳效率、协同其他运输方式进行联运线路优化，以及提升中转服务流程效率等方面给出打造国际航空枢纽网络建议；以中国民用航空局提出的"智慧民航"建设为基础，从新技术应用提升机场运行效率、客货运输流程效率方面提出增强航空枢纽效率及品质建议；从优化空港产业业务结构、创新非航业务范围及经营模式等方面提出改善财务品质建议。

本书试图用科学研究思维与逻辑，建立一套理论逻辑科学且实践操作可行的国际航空枢纽竞争力评价理论体系。通过这套理论体系所取得的研究成果，既可以为民航相关管理部门在产业政策制定方面提供决策支持，也可以为民航运输企业运行提供参考与指导。但是在本书成稿过程中，作者也逐渐认识到研究的局限性与不足。例如，第三部分对策建议的提出，没有以第一部分建立的资源、能力与环境竞争力形成机制模型为框架，而是从具体事项角度给出建议，没有形成更好的逻辑闭环。在未来的研究工作中需要继续处理好理论与实践的兼顾、统一。再例如，本书所选取的参评枢纽，我国内地国际航空枢纽仅覆盖了北京、上海与广州三个城市，深圳、成都、重庆等城市的航空枢纽并未涉及，这也是需要在未来的研究中继续改进的方面。另外，综合评价作为一种有效且普遍的研究工具，除应用于国际航空枢纽竞争力研究外，在中小型机场的应用也是值得探讨的话题，这也是作者未来需要继续努力的方向。作者将在今后的研究工作中，持续推进综合评价理论在民航运输业中的应用，继续完善国际航空枢纽竞争力理论体系，继续推进理论研究与实践应用的结合，更好地助力于民航高质量发展目标的实现。

李艳伟

2023 年 2 月 15 日

目　　录

第一部分

国际航空枢纽竞争力评价理论

第一章
国际航空枢纽评价研究综述

航空枢纽是航空运输网络的核心节点，是一个国家或地区对外开放的重要窗口，在促进当地经济发展、完善综合交通体系中发挥着极为重要的作用。本章通过文献计量工具 CiteSpace 对国内外相关文献进行综述，通过对已有文献的系统梳理、总结，为国际航空枢纽竞争力评价奠定理论研究基础。

第一节　国内航空枢纽评价研究综述

一、研究方法与数据来源

本书运用 CiteSpace 软件，以科学文献作为研究对象，用引文分析方法、信息可视化技术将科学文献的发展进程绘制成知识图谱，展现所研究领域的科学文献发展趋势及发展动态，捕捉研究热点及前沿。研究数据来源于中国知网数据库（CNKI），将主题词设置为"航空枢纽评价/评估""枢纽机场评价/评估""机场评价/评估"，且不设置年份限制后进行高级检索。通过检索发现，2004年之前缺少可用的文献资料，因此最终将检索时间设定为 2004—2021 年，共得到中文样本文献766 篇。

文献数据处理如下：首先，将从中国知网（CNKI）中所检索到的航空枢纽评价领域的文献以Refworks 的格式导出作为本次分析的源数据；其次，将检索到的 766 篇中文文献数据导入软件中，将时间段设置为 2004—2021 年，时间切片为 1 年，阈值选择"Top N = 50"，即在每年中选择前 50个高频出现的节点；最后，进行作者、机构、关键词共现、关键词聚类、关键词突现的分析，探究航空枢纽评价研究现状、研究热点与研究前沿。

二、航空枢纽评价研究的现状分析

（一）文献发表数量分析

通过对检索文献进行年份统计，从整体上了解有关航空枢纽评价文献数量变化趋势。从 2004—2021 年航空枢纽评价相关文献数量的年度趋势图可以看出（见图 1-1），该方向文献发表的数量整体呈上升趋势，有关航空枢纽评价的研究已逐渐进入学者视野，成为研究重点。2018 年以 78 篇的文献数量达到近几年发文量的最大值，2019、2020 和 2021 年论文发表数量略有下降，在 60 篇左右。

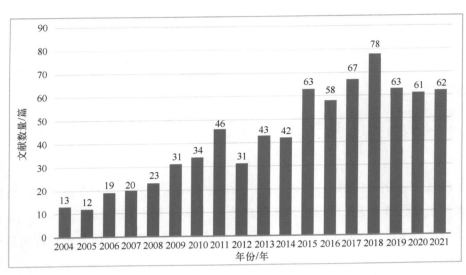

图 1-1　2004—2021 年航空枢纽评价相关文献发文数量

（二）文献发表核心作者分析

以作者为研究对象进行分析，设置节点类型为作者 Author，设置最低被引次数 c 值为 1，年度切片内共被引次数 cc 值为 2，规范化共被引次数 ccv 值为 20，网络剪裁法选择 Pathfinder、Pruning sliced networks、Pruning the merged network，其他参数为默认设置，得到了节点数为 1 637、连线数为 2 333、密度为 0.001 7 的航空枢纽评价研究作者共现图谱（见图 1-2）。

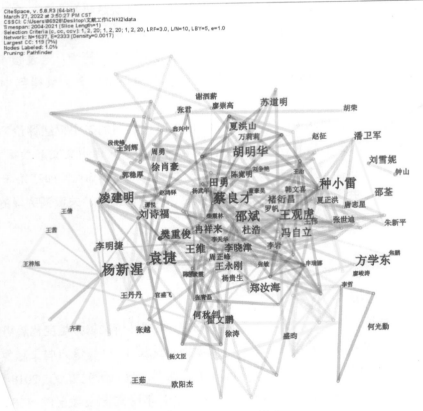

图 1-2　作者共现图谱

由图中可以看出，节点数较多的学者有袁捷、杨新湦、蔡良才、种小雷、邵斌、王观虎、凌建明、胡明华、方学东、田勇等人。由于学者之间存在相互合作交流，所以在图谱中呈现出多个三角形、四边形等形状的子网络结构，其中以袁捷、蔡良才、杨新湦、胡明华为首的研究网络中交流较多，主要研究方向为机场道面。从图中亦可看出，网络结构多单独存在，多以内部交流为主。凌建明、袁捷、刘诗福等学者之间存在合作交流；杨新湦、蔡良才、胡明华等其他发文量较大的学者间合作较少；同时，单连线式结构与单独节点的作者也相对较多，说明这些学者独立开展研究，例如吴涛、欧阳杰等人。

2004—2021 年航空枢纽评价发文量排名前 10 的作者及主要研究方向见表 1-1。从表中统计可以看出，发文量前三名的学者有袁捷、杨新湦、蔡良才，分别发表了 12、10、9 篇文献。袁捷、凌建明两位学者的主要研究方向为机场道面平整度及材料。杨新湦的主要研究方向为航空枢纽评价、机场群发展。蔡良才、种小雷、邵斌和王观虎等学者主要研究方向为机场环境、机场噪声。胡明华、田勇等学者的研究方向主要为机场容量预测及机场环境承受力评价与预测。方学东的主要研究方向为机场安全、机场净空等评价。

表 1-1 前 10 位核心作者分布

排 序	高发文量作者		主要研究方向
	发文量/篇	作者	
1	12	袁捷	机场道面平整度、材料
2	10	杨新湦	航空枢纽评价、机场群
3	9	蔡良才	机场环境、机场噪声
4	8	种小雷	机场选址、机场噪声
5	8	邵斌	机场环境、机场噪声
6	7	王观虎	机场道面、机场环境
7	7	凌建明	机场道面平整度、材料
8	7	胡明华	机场高峰服务能力、机场容量
9	7	方学东	机场净空、机场安全
10	5	田勇	机场容量、机场环境承受力

有关航空枢纽评价的文献数量较少，且研究方向较为分散，涉及航空枢纽评价、机场道面评价、机场安全评估等多个方面。核心作者之间基本无连线，说明合作关系较弱，表明我国航空枢纽评价领域学者之间的合作关系多限于内部交流，不同方向作者之间学术交流较少，这对形成一套完整的航空枢纽评价体系不利。

（三）文献发表核心机构分析

以机构为研究对象进行分析，在 CiteSpace 中设置节点类型为机构 Institution，其他参数与核心作者分析的参数一致。得到了节点数为 547、连线数为 0、密度为 0 的航空枢纽评价研究机构共现图谱（见图 1-3）。从发文研究机构来看，南京航空航天大学民航学院是发文量最高的研究机构，发文量达到 22 篇。中国民航大学、中国民用航空飞行学院并列第二，发文量分别为 16 篇。这表明民航类高校是当前航空枢纽评价研究领域的主力军，且已取得一定研究成果。文献源共识别出 547 个研究机构，但却没有一条连线，各研究机构"0"合作。当前该领域的研究机构数量多，但多为研究机构独立开展研究，机构之间的联系几乎没有，各研究机构间缺乏合作交流意识。

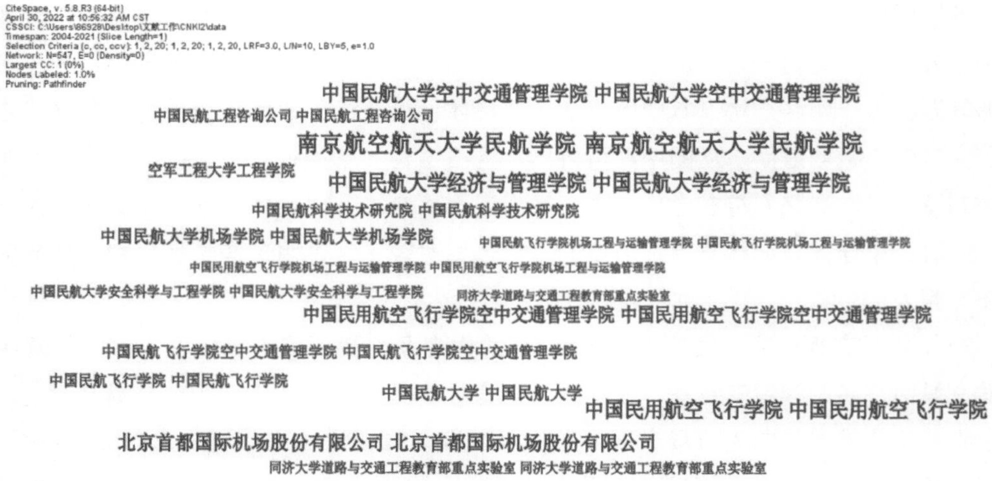

CiteSpace, v. 5.8.R3 (64-bit)
April 30, 2022 at 10:56:32 AM CST
CSSCI: C:\Users\86928\Desktop\文献工作\CNKI2\data
Timespan: 2004-2021 (Slice Length=1)
Selection Criteria {c, cc, ccv} 1, 2, 20; 1, 2, 20; 1, 2, 20, LRF=3.0, L/N=10, LBY=5, e=1.0
Network: N=547, E=0 (Density=0)
Largest CC: 1 (0%)
Nodes Labeled: 1.0%
Pruning: Pathfinder

中国民航大学空中交通管理学院 中国民航大学空中交通管理学院

中国民航工程咨询公司 中国民航工程咨询公司

南京航空航天大学民航学院 南京航空航天大学民航学院

空军工程大学工程学院　中国民航大学经济与管理学院 中国民航大学经济与管理学院

中国民航科学技术研究院 中国民航科学技术研究院

中国民航大学机场学院 中国民航大学机场学院　　中国民航飞行学院机场工程与运输管理学院 中国民航飞行学院机场工程与运输管理学院

中国民用航空飞行学院机场工程与运输管理学院 中国民用航空飞行学院机场工程与运输管理学院

中国民航大学安全科学与工程学院 中国民航大学安全科学与工程学院　同济大学道路与交通工程教育部重点实验室

中国民用航空飞行学院空中交通管理学院 中国民用航空飞行学院空中交通管理学院

中国民航飞行学院空中交通管理学院 中国民航飞行学院空中交通管理学院

中国民航飞行学院 中国民航飞行学院　　中国民航大学 中国民航大学　　中国民用航空飞行学院 中国民用航空飞行学院

北京首都国际机场股份有限公司 北京首都国际机场股份有限公司

同济大学道路与交通工程教育部重点实验室 同济大学道路与交通工程教育部重点实验室

图 1-3　研究机构共现图谱

三、航空枢纽评价研究热点分析

关键词作为文献内容的凝练，是论文的核心所在。通过 CiteSpace 运用词频分析法将高频关键词与出现的时间相结合进行分析，得到航空枢纽评价在 2004—2021 年的研究热点。在 CiteSpace 中设置节点类型为关键词 keyword，其他参数设置同上，得到了节点数为 1 183、连线数为 2 296、密度为 0.003 3 的航空枢纽评价研究关键词共现图谱（见图 1-4）。可以看出航空枢纽评价的研究主题较多，包括航空运输、枢纽机场、风险评估、容量评估、机场道面、绿色机场、效率评价等。

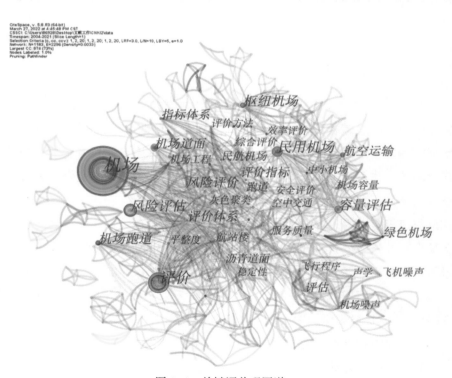

图 1-4　关键词共现图谱

综合考虑关键词的数量、频次与中介中心性，筛选得到表 1-2。一般认为，中介中心性大于 0.1 的关键词属于较为重要的关键词。由表 1-2 可知，高频关键词只有"机场""评价""民用机场""枢纽机场""风险评估"的中介中心性大于等于 0.1，"容量评估"的中介中心性为 0.08，略低于 0.1，说明这几个研究方向在航空枢纽评价中处于重要地位，与其他研究方向相关性较强，而其他高频关键词中介中心性较低，说明当前的研究热点较分散。

表 1-2　高频关键词统计表

序　号	关　键　词	频　次	中介中心性
1	机场	94	0.47
2	评价	47	0.16
3	民用机场	35	0.11
4	枢纽机场	24	0.11
5	风险评估	24	0.10
6	机场道面	22	0.06
7	容量评估	19	0.08
8	航空运输	19	0.05
9	指标体系	17	0.05
10	机场跑道	17	0.07

综合各学者的经验及实际研究需要，在关键词共现图谱的基础上，运用 LLR 算法对关键词共现图谱进行聚类分析，得到如图 1-5 所示的关键词聚类结果。聚类标签提取算法中的 LLR 算法得出的聚类标签更加符合实际情况且重复情况较少。

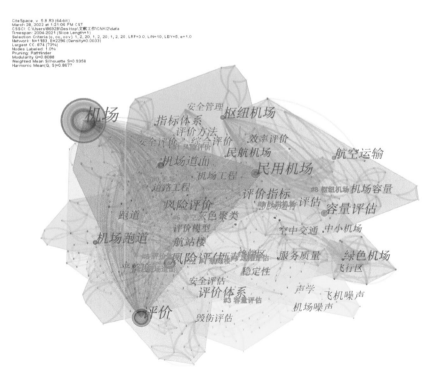

图 1-5　关键词聚类结果

其中，研究的次数越多节点就越大，共有 15 个聚类标签，分别为"机场""风险评价""机场道面""容量评估""风险评估""评价体系""净空区""航站楼""枢纽机场""民用机场""飞行程序""效率评价""备降机场""航空枢纽""评价模型"（见表 1-3）。

表 1-3　关键词共现网络聚类表

聚 类 号	聚 类 大 小	标识词（LLR）
#0	115	机场，评价，竞争力
#1	84	风险评价，安全评价，安全管理，民航机场
#2	74	机场道面，机场跑道，平整度
#3	70	容量评估，机场容量，容量
#4	49	风险评估，新机场
#5	48	评价体系，噪声，机场工程
#6	47	净空区，障碍物，鸟击
#7	46	航站楼，大型机场，效果评价
#8	45	枢纽机场，机场群，协调性
#9	43	民用机场，绿色机场
#10	43	飞行程序，机场噪声，鸟击风险
#11	36	效率评价，航空运输，DEA
#12	35	备降机场，机场选址
#13	30	航空枢纽，布局规划，航务管理
#14	21	评价模型，服务质量，绿色理念

根据聚类标签，将航空枢纽评价研究热点主题划分为以下四个方面。

1. 机场安全评价

该主题的聚类标签包括"#0 机场""#1 风险评价""#2 机场道面""#4 风险评估""#10 飞行程序""#6 净空区""#12 备降机场"。不同学者从不同的角度探究了航空枢纽安全评价问题。例如：机场飞行区是供航空器起降、滑行和停放的场地，飞行区的安全问题不容小觑（赵桂红，2009；丰婷 等，2015；肖琴 等，2018；潘丹 等，2018）。在航空器起降过程中，机场道面是最重要的安全要素之一（凌建明等，2017；黄学林等，2021）。航空器在机场起降阶段易发生鸟击，鸟击也是威胁航空安全的重要因素之一（王维等，2017；罗刚等，2020；刘振江等，2021）。而中小机场的民航风险高于大型机场，因此对风险的预测评估尤为重要（陈肯等，2019）。

2. 机场容量评估

该主题的聚类标签包括"#3 容量评估""#11 效率评价"等。随着航空运输需求的日益增长，机场容量评估对新建机场及机场改扩建具有重大意义，准确地评估机场容量能够节省财力、物力、人力等，避免不必要的损失（翟文鹏等，2016；张敏等，2018；冯奎奎等，2019；曹金升等，2020）。机场跑道是机场提供的最主要的服务设施，对跑道容量的评估就近似于对机场容量的评估，从跑道角度出发使评估更准确（康瑞等，2016）。除了实际出发的航空运输旅客还有送别的旅客亲属，考虑旅客及陪同人员从市区到机场的交通方式主要是私家车，对机场车道边容量进行评估，能够很好地规划航站楼周边的交通（陆迅等，2009；欧阳杰等，2015）。

3. 机场群发展评价

该主题的聚类标签包括"#7 航站楼""#8 枢纽机场""#9 民用机场""#13 航空枢纽"等。近年来，机场群的研究受到学者们的广泛关注，机场群的概念定义有待深入研究，我国机场群内各机场的功能定位同质化严重，形成恶性竞争，机场群结构亟须改善，对机场群的分类评价势在必行，以使机场群更健康地发展（杨新湦等，2017；莫辉辉等，2021）。机场群内机场众多且各机场情况不同，高效、准确地对机场群协同发展程度进行评价，进而对机场群内各机场进行明确的功能定位，有助于航空枢纽发挥更大作用（杨新湦等，2018；冯霞等，2020）。

4. 评价指标体系建立

该主题的聚类标签包括"#5 评价体系""#14 评价模型"等。不同学者在不同领域中建立了不同的指标体系来确保评价结果的准确性、科学性。不同评价指标体系的建立与评价方法的选择对评价的结果影响重大，选择合理的评价指标能够提出科学合理的观点、建议，如针对机场运营效率的研究（于剑等，2011；王恩旭等，2016；褚衍昌等，2019）。随着航空运输业的发展，推进绿色机场建设成为当前民航可持续发展的研究重点，绿色机场评价指标体系的建立能够更好地评价、衡量绿色机场的建设（田利军等，2021）。新冠疫情爆发后，对航空物流供应链韧性的相关研究逐渐增多。从"客改货"计划、扩大机队规模、建立交通运输韧性评价体系、增强基础设施建设等方面提出增强航空物流供应链韧性的相关措施建议（刘振国等，2020；夏庆，2020）。除此之外，还有针对机场竞争力、机场安全绩效、机场道面养护及平整度等方面的评价指标体系的建立（彭语冰等，2011；梁小珍等，2016；杨晓强等，2020；黄学林等，2021）。

四、航空枢纽评价研究前沿的演化

通过关键词的突现分析，进一步探究航空枢纽评价的研究前沿。在热点研究的基础上，运用 CiteSpace 对关键词进行突现计算，得到关键词突现时段图（如图 1-6 所示）。

根据航空枢纽评价研究的关键词突现情况可以发现，航空枢纽评价的研究可按时间划分为以下三个阶段。

第一阶段（2004—2009 年）：该阶段的关键词有"机场噪声""声学""评价""仿真"等，这几年航空运输业正蓬勃发展，机场数量增多，机场噪声问题突出，机场噪声带来的影响成为研究重点，对机场噪声的监测、分析飞机噪声测量方法和评价指标能够更好解决如何降低机场噪声、如何针对机场噪声影响对周边人民进行噪声补偿、如何使机场可持续发展下去等问题（林泽龙，2018；武中林，2019；高垒等，2019；桂荔，2020）。随着仿真技术的发展，依托实际航班运行数据库，利用机场或空域仿真模拟软件，可对机场飞行区的运行情况进行评估（徐肖豪等，2007；徐吉朋等，2017）。

第二阶段（2010—2017 年）：该阶段的关键词可以分为两类。第一类是："容量"与"容量评估"。第二类是："机场安全""机场道面""绿色机场""航班延误""服务质量"等。第一类主要研究的是机场容量的评估，包括机场跑道、航站楼、车道边的容量估计。机场容量作为机场发展的瓶颈，决定了机场中长期发展道路（张力员，2017；邹石，2019；曹金升等，2020）。第二类主要研究的是机场服务及设施的发展建设，航班延误和服务质量决定了旅客对机场整体的直

Keywords	Year	Strength	Begin	End	2004——2021
评价	2004	4.1	2004	2010	
跑道	2004	2.3	2005	2007	
飞机噪声	2004	1.84	2005	2008	
容量	2004	1.83	2006	2013	
终端区	2004	1.94	2007	2013	
仿真	2004	1.94	2007	2013	
机场安全	2004	1.83	2009	2010	
容量评估	2004	2.2	2010	2011	
机场道面	2004	1.88	2010	2011	
综合评价	2004	2.61	2011	2016	
民用机场	2004	2.35	2011	2014	
绿色机场	2004	2.37	2012	2014	
航班延误	2004	2.1	2013	2014	
dea	2004	1.95	2014	2015	
服务质量	2004	2.13	2015	2016	
机场运行	2004	2.51	2016	2017	
道路工程	2004	2.35	2016	2017	
平整度	2004	2.03	2016	2017	
聚类分析	2004	1.82	2016	2017	
通用机场	2004	1.82	2018	2021	
中小机场	2004	2.92	2019	2021	
风险评估	2004	1.8	2019	2021	

图 1-6　航空枢纽评价研究热点关键词突现时段图

观感受（刘玉敏等，2016；华照森等，2021）；机场安全、机场道面、机场运行等则是保障航班正常、航空安全的重点，随着机场的发展，绿色机场的概念使机场朝着绿色、可持续发展目标奋进（张君，2020）。

第三阶段（2018—2021 年）：该阶段的关键词有"中小机场""通用机场""风险评估"等。近年来，对中小机场的航线网络评价、中小机场安全风险评价，以及空铁联运的综合交通枢纽建设评价成为研究热点。如今大型枢纽机场发展较为完善，而中小型机场的增多对航线网络建设的要求更高，航空公司的航线网络建设既要连接枢纽，又要兼顾中小型机场发展，以保证地方经济发展和人员流动（惠山林，2017；李建光，2019；王强等，2020；杨昌其等，2021）。同时，空铁联运的综合交通枢纽概念也对机场的发展建设提出更高的要求（张亚东等，2015；吕宗磊等，2021）。

目前，我国民航已发展成为仅次于美国的第二大航空运输系统，并将实现从单一航空运输领域民航强国向多领域民航强国跨越。为更好地满足我国航空运输高质量发展需求，国际航空枢纽竞争力评价研究是促进我国机场建设的重要环节。这对我国机场布局完善优化，乃至航空运输业整体发展都有着十分重要的意义。但以往文献显示，航空枢纽竞争力评价领域的文献数量较少，研究大多聚焦于飞机噪声、机场道面、机场运行等有关航空枢纽具体某一方面的评价，缺乏从整体层面上对航空枢纽竞争力进行系统评价及国际比较研究。

五、航空枢纽竞争力评价中的代表观点

对现有理论文献中关于航空枢纽竞争力内涵、评价指标体系设计及评价方法选择进行梳理，有助于后续研究开展。

（一）航空枢纽竞争力内涵及影响因素

航空枢纽竞争力是指航空枢纽凭借自身的内外部资源在航空运输市场竞争中体现出来相比于其他竞争对手能够为旅客提供更好的服务、可持续发展等综合能力（苏道明等，2011；孙继胡等，2012；张晓玲等，2012；梁小珍等，2016）。航空枢纽竞争力是在航空枢纽的环境、资源、运营能力共同作用下形成的，而机场竞争力形成的影响因素也可以归结为机场资源，包括物力、人力和财力资源，主要体现在机场的国内外通航点的数量；机场能力，包括资源获取能力、使用能力和环境适应能力，主要体现在旅客吞吐量和货邮吞吐量及起降架次；机场经营环境，包括政治、经济、社会文化和技术环境等，主要体现在机场当地的 GDP、人均收入、旅游收入等；机场顾客价值和自身利益的市场表现，包括机场的服务水平、机场效益等，主要体现在航班正常率、旅客满意度和机场航空收入与非航收入等（董志毅等，2007；苏道明，2010；彭语冰等，2011；孙继胡等，2012；谢菲等，2015）。航空枢纽竞争力的影响因素因学者的理解与研究方向的差异有一定区别，但总体上仍然是从航空枢纽的内部资源、自身能力、所处环境及顾客价值四个方面进行分析。

（二）航空枢纽竞争力评价指标体系设计

在航空枢纽竞争力评价中，根据上述对航空枢纽竞争力影响因素的梳理，航空枢纽竞争力评价指标体系的设计大多从机场连通性、服务水平、运营规模、机场经济效益和机场发展环境这五个方面选取所需指标进行评价（董志毅等，2007；丁韵，2017）。机场的连通性多指通航城市数量、航班密度及中转旅客比率；机场服务水平多指航班正常率、顾客满意度、机场中转效率；机场运营规模多指旅客吞吐量、货邮吞吐量和起降架次，以及增长的能力；机场经济效益多指机场的收益率、资产负债率、资产周转率等；机场发展环境多指机场所在城市 GDP、政策力度、空域及地理条件等（褚衍昌等，2006；董志毅等，2007；彭语冰等，2011；孙继胡等，2012；谢菲等，2015）。另有学者主要从机场自身资源和航空运输市场争夺能力两个方面构建机场竞争力评价指标体系（苏道明等，2010）。有学者将替代竞争指标——铁路的运输情况纳入机场竞争力评价指标体系中（胡义平，2021）。有学者基于传统竞争力评价指标和旅游机场的特性，有针对性地加入了旅游机场的吸纳和外延竞争力两个方面构建指标体系，其中吸纳和外延竞争力则是指进出港飞机架次、旅客人数和货邮量（王恩旭等，2016）。随着航空货运的蓬勃发展，也有学者从机场运营规模、网络连通性、货运服务水平和发展环境四个维度构建航空枢纽货运竞争力评价指标体系以专门针对航空枢纽货运竞争力评价（张永莉等，2016）。可以看出，由于对航空枢纽竞争力影响要素理解不同，不同学者构建的指标体系也各有差异，但总体上都是从机场的连通性、服务水平、运营规模、经济效益和发展环境五个方面选取所需指标，或根据研究需要选取部分指标。

（三）航空枢纽竞争力评价方法

在航空枢纽竞争力评价中使用的方法可以分成两类：一类是对评价指标赋权并计算评价指数的方法，另一类是构建机场竞争力评价模型进行综合评价的方法。在构建指标体系后，多采用熵权法、因子分析法、主成分分析法、层次分析法、灰色关联分析法对指标体系进行赋权计算（丁韵，2017；吴文婕等，2016），还有学者同时使用多种评价方法对航空枢纽竞争力进行评价（张晓玲等，2012；梁小珍等，2016）。其中，不可量化的指标则使用德尔菲法进行确定（褚衍昌等，2006）。在此基础上，有学者采用上述评价方法或组合赋权方法确定评价指标权重，并采用可拓学中的物元模型建立了机场竞争力评价模型（董志毅等，2007；孙继湖等，2012）；还有的学者采用多级模糊综合评价方法对航空枢纽进行综合评价（彭语冰等，2011；张永莉等，2016）；另有学者利用熵权法计算指标权重后，采用 TOPSIS 法建立了机场竞争力评价模型（朱长征等，2019；文军等，2021）以及从顾客感知满意度新视角切入，基于顾客可达性感知、频率感知、便利感知、效率感知、服务感知五个方面构建航空枢纽竞争力评价模型，以避免传统分析方法的不足（谢菲等，2015）。可以看出，对指标赋权的方法主要分为两种：主观赋权法主要由决策者进行确定，评价结果易受到决策者和专家主观因素的影响，客观赋权法有较强的理论依据，但会受到样本随机误差的影响。另在综合评价方法中，使用较多的是物元模型、多级模糊综合评价法和灰色关联分析法，以及因为能充分利用原始数据的信息对评价对象进行科学准确评价的 TOPSIS 法。

六、主要分析结论

本节运用 CiteSpace 文献可视化工具，以研究现状与研究热点为重点，基于中国知网数据库（CNKI）中 2004—2021 年航空枢纽评价领域的 766 篇中文文献进行系统性的梳理、信息提炼和可视化分析，通过作者合作网络分析、关键词共现分析、关键词聚类分析以及热点词突现分析，梳理了 2004—2021 年该领域研究的前沿与热点，形成如下主要结论。

一是学者对该领域的研究发展关注度越来越高。从研究趋势来看，国内学者对航空枢纽评价研究的热度在持续走高。航空枢纽评价研究机构以南京航空航天大学、中国民航大学、中国民用航空飞行学院等为代表的民航高等院校为主，其中南京航空航天大学民航学院的发文量占据领先地位。从合作网络来看，作者合作网络相对分散，研究方向较多、较分散，合作团队以关系较为稳定的小团队为主，核心作者之间的合作关系较弱，研究仅在团队内部进行。

二是研究热点领域呈现多样性、递进式的特点。关键词共现图谱聚类分析结果显示，航空枢纽评价研究热点主题可分为机场安全、机场容量评估、机场群发展评价、评价指标体系建立四个方面。机场安全问题不容小觑，不同角度下的航空枢纽安全评价也有所不同；机场容量预测决定了机场中长期的发展；机场群协同发展是机场发展对区域经济社会支撑的研究范畴；而不同指标体系下的评价结果的准确性、科学性也不尽相同。但从国际航空枢纽竞争力角度进行的综合评价及国际比较研究较为缺乏。

三是研究热点演进呈现多元演进发展状态，大致分为三个阶段。2004—2009 年，以关注机场噪声为主。随着航空运输业蓬勃发展，机场数量增多，机场噪声问题突出，机场噪声的影响与防治成为研究重点。2010—2017 年，以关注机场容量评估、机场设施及服务水平评价和机场安全评价为主。机场容量作为机场发展的瓶颈，决定了机场中长期的发展上限。机场设施与服务决定旅客感知，机场安全是航空运输中的重中之重。2018—2021 年，以中小机场的航线网络评价、安全风险评价、空铁联运综合交通枢纽建设评价为主。在大型枢纽机场发展较为完善的情况下，研究逐渐转向中小型机场。同时，空铁联运综合交通枢纽建设也对机场的发展建设提出更高要求。

四是针对航空枢纽竞争力评价的研究较为匮乏且单一。航空枢纽竞争力的影响因素因学者的理解与研究方向的差异有一定区别，但总体上仍然是从航空枢纽的内部资源、自身能力、所处环境及顾客价值四个方面展开。由于对航空枢纽竞争力影响要素理解不同，不同学者构建的评价指标体系也各有差异，但总体上都是从机场的连通性、服务水平、运营规模、经济效益和发展环境五个方面选取所需指标，或根据研究需要选取部分指标。航空枢纽竞争力评价中研究方法分成两类：一类是对评价指标赋权并计算评价指数的方法，另一类是构建机场竞争力评价模型进行综合评价的方法。

第二节　国际航空枢纽评价研究热点

一、数据来源与研究方法

本节基于 WOS 核心合集数据库，对 2002—2021 年收录的以"航空枢纽评价"为主题的外文文献进行高级检索，将关键词选项设置为：aviation hub，或 airport hub，或 airport，并同时选择逻辑条件"和"，增加 evaluation 条件；语种选择 English，文献类型选择 article，时间限定为 2002—2021 年，共检索到 755 篇有效的英文文献。

将从 WOS 数据库中所检索到的航空枢纽评价领域的文献以纯文本格式导出作为本次分析的源数据，进行主要期刊分布、核心作者分布、国家分布、研究机构分布、关键词共现、关键词聚类与热点词突现等方面分析，以此探究航空枢纽评价研究现状、研究热点与研究前沿。

二、航空枢纽评价研究的现状分析

（一）文献发表数量分析

通过对检索文献进行年份统计，从整体上了解有关航空枢纽评价的文献数量变化趋势，并统计发文量前三的国家文献数量变化趋势，如图 1-7 所示。

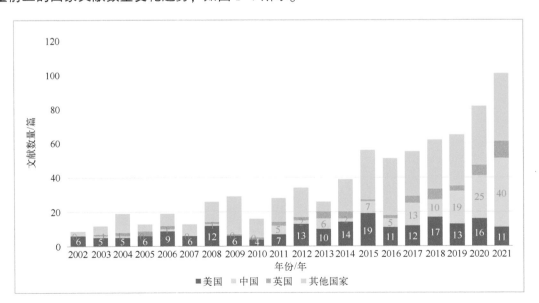

图 1-7　2002—2021 年航空枢纽评价领域年度发文量统计

该领域外文文献发表的数量在整体上呈现逐步增长趋势。欧美发达地区民航业的发展早于其他国家，对航空枢纽评价的探索与研究也起步较早。但得益于中国经济实力的快速提升，从 2011 年开始该领域逐渐涌现出中国学者，总发文量也逐渐跃升，为我国航空枢纽评价领域研究奠定了理论基础。2020 年新冠病毒疫情席卷全球，对航空业产生巨大冲击，但各国学者对民航业的研究热情并未消减，中国学者的发文量在疫情期间保持较快的增长，已经跃居第 1 位。

（二）文献发表主要期刊分析

2002—2021 年航空枢纽评价国际研究文献发表数量排名前 10 的主要期刊见表 1-4。其中，影响因子大于 2 的有 6 个期刊。影响因子最高的 *Research Part C Emerging Technologies* 期刊涉及交通领域中运筹学、计算机科学、人工智能和电信等领域新兴技术的发展、应用和影响。*Construction And Building Materials* 是建筑工程领域的权威期刊。*Transportation Research Part A Policy and Practice* 期刊的主要研究方向为基于政策分析的交通运输系统管理与评估。*Atmospheric Environment* 期刊侧重于与政策有关的大气科学研究。

表 1-4　航空枢纽评价国际研究发文主要期刊

排　序	期 刊 名 称	文 献 数 量	影 响 因 子 （2020 年）
1	*Transportation Research Record*	51	1.560 1
2	*Sustainability*	27	3.251 0
3	*Transportation Research Part A Policy and Practice*	11	5.594
4	*Research Part C Emerging Technologies*	11	8.089 1
5	*Construction And Building Materials*	10	6.141
6	*Mathematical Problems in Engineering*	10	1.305
7	*Journal Of Aircraft*	9	1.249
8	*Sensors*	9	3.576
9	*Aircraft Engineering and Aerospace Technology*	8	0.975
10	*Atmospheric Environment*	8	4.798

（三）文献发表核心作者分析

通过高发文量指标对航空枢纽评价研究中发文量较大的作者进行筛选，航空枢纽评价国际研究领域发文量排名前 10 的作者见表 1-5。发文量第 1 的是美国学者 Gopalakrishnan 和中国学者 Tian，研究方向分别为机场道面、跑道容量评估，以及机场容量评估、机场环境承载力等方面。排名并列第二的有 Schultz、Skorupski 两位学者，分别聚焦于旅客登机等机场运行效率方面和机场安检、行李安检等航空安全方面的研究。

表 1-5　前 10 位核心作者分析

排　序	作　者	发 文 量	研 究 方 向
1	Gopalakrishnan	8	机场道面、跑道容量评估
2	Tian	8	机场容量评估、机场环境承载力
3	Schultz	6	旅客登机
4	Skorupski	6	行李安检、机场安检
5	Ceylan	5	机场道面，除雪除冰
6	Garg	5	机场道面、材料
7	Li	5	机场服务质量、机场竞争力

续表

排　序	作　者	发 文 量	研 究 方 向
8	Liu Y	5	机场道面
9	Cotfas LA	4	旅客登机
10	D'amico F	4	机场道面

（四）文献发表国家合作网络分析

为了探究各国在航空枢纽评价领域中的研究情况，利用 WOS 数据库中的文献数据进行国家合作网络分析。运行 CiteSpace，设置节点类型为国家 country，时间跨度为 2002—2021 年，时间切片为 1 年，阈值选择 Top N＝50，最低被引次数 c 值为 1，年度切片内共被引次数 cc 值为 2，规范化共被引次数 ccv 值为 20，网络剪裁法选择 Path finder、Pruning sliced networks、Pruning the merged network，其他参数为默认设置。得到国家合作网络图谱，如图 1-8 所示。共有 106 个节点对应不同的国家，某国发文量越多其节点越大，共计有 104 条连线，密度为 0.018 3。各国研究机构之间的合作交流较少，欧洲地区的国家交流合作较多，关系也较紧密。

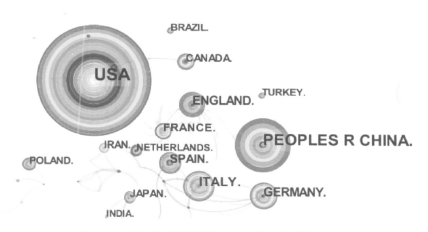

图 1-8　航空枢纽评价研究国家合作网络图谱

中介中心性是衡量节点在网络图谱中重要性的指标，计算各国发文中介中心性，结果如表 1-6 所示。航空枢纽评价研究领域发文量排名前 10 的国家和地区分别是美国（198 篇）、中国（152 篇）、意大利（48 篇）、德国（44 篇）、英国（44 篇）、西班牙（34 篇）、法国（26 篇）、日本（24 篇）、加拿大（23 篇）、波兰（21 篇）。美国的发文量排名第 1 且远远领先其他国家，其中介中心性（0.35）也是最高的，表明美国在该领域具有重大影响力。排名第 2 的中国在发文数量上与美国存在一定的差距，且中介中心性是 0.00，相比于发文量排名第 7、中介中心性排名第 2 的法国（0.33）仍需努力。我国学者在文章影响力方面低于发文量排名稍后的国家，如德国、英国、西班牙和加拿大，因此我国学者仍然需要进一步提高发文质量。

表1-6　航空枢纽评价研究的主要国家

排　　序	国　　家	发 文 量	中介中心性
1	美国	198	0.35
2	中国	152	0.00
3	意大利	48	0.04
4	德国	44	0.10
5	英国	44	0.17
6	西班牙	34	0.12
7	法国	26	0.33
8	日本	24	0.13
9	加拿大	23	0.07
10	波兰	21	0.00

（五）文献发表核心机构分析

航空枢纽评价研究发文量排名前10的机构如表1-7所示。按国家对该表格中的数据进行统计后发现，国际上发文量排名前10的机构中美国占3所，中国占3所，德国占2所，法国占1所，以及1所欧洲研究型大学联盟。排名前10的研究机构所在国家均属于发文量排名前10的国家。在所有机构中，德国的亥姆霍兹协会以28篇的发文量位列榜首。欧洲研究型大学联盟是欧洲领先研究型大学的高校联盟，发文量达到21篇，位居第二。德国宇航中心是德国国家级航空和航天研究中心，以18篇发文量位居第三。而我国发文量最多的研究机构为南京航空航天大学，其次是中国民航大学和北京航空航天大学。

表1-7　航空枢纽评价研究发文量前10的研究机构

排　　序	研 究 机 构	机构所在国家或地区	发 文 量
1	亥姆霍兹协会	德国	28
2	欧洲研究型大学联盟	欧洲地区	21
3	德国宇航中心	德国	18
4	南京航空航天大学	中国	18
5	中国民航大学	中国	14
6	加州大学系统	美国	14
7	北京航空航天大学	中国	11
8	法国国家科学研究中心	法国	11
9	普渡大学	美国	11
10	伊利诺伊大学	美国	11

三、航空枢纽评价研究热点分析

（一）关键词共现聚类分析

使用CiteSpace软件，设置节点类型为关键词"keyword"，其他设置同上节，对检索出的755篇外文航空枢纽评价研究数据源进行关键词共现分析，得到158个节点、307条连线、网络密度为

0.024 8 的航空枢纽评价关键词共现图谱，如图 1-9 所示。航空枢纽评价国际研究主题方向较多，包括机场运行、系统、管理、设计、影响及绩效评价等方面。

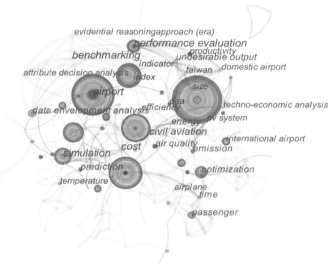

图 1-9　关键词共现图谱

一般认为，中介中心性大于 0.1 的关键词属于较为重要的关键词。由表 1-8 可知，航空枢纽评价关键词高词频中，有"airport 机场""performance 性能""system 系统""impact 影响""simulation 模拟""management 管理""performance evaluation 性能评估"大于等于 0.1，"model 模型"的中介中心性为 0.09，接近 0.1。说明这几个研究方向在航空枢纽评价中处于重要地位，与其他研究方向相关性较强，而其他高频关键词中介中心性较低，说明当前的研究热点较分散。

表 1-8　航空枢纽评价关键词词频分布

序　号	关　键　词	频　次	中介中心性
1	model 模型	73	0.09
2	airport 机场	41	0.23
3	performance 性能	32	0.13
4	system 系统	28	0.12
5	impact 影响	25	0.10
6	simulation 模拟	20	0.28
7	management 管理	19	0.11
8	design 设计	17	0.05
9	aircraft 航空器	15	0.05
10	performance evaluation 性能评	14	0.32

为进一步分析航空枢纽评价中的研究热点，在关键词共现图谱的基础上，选取 LLR 算法，对关键词共现图谱进行聚类分析，得到如图 1-10 所示的关键词聚类结果。

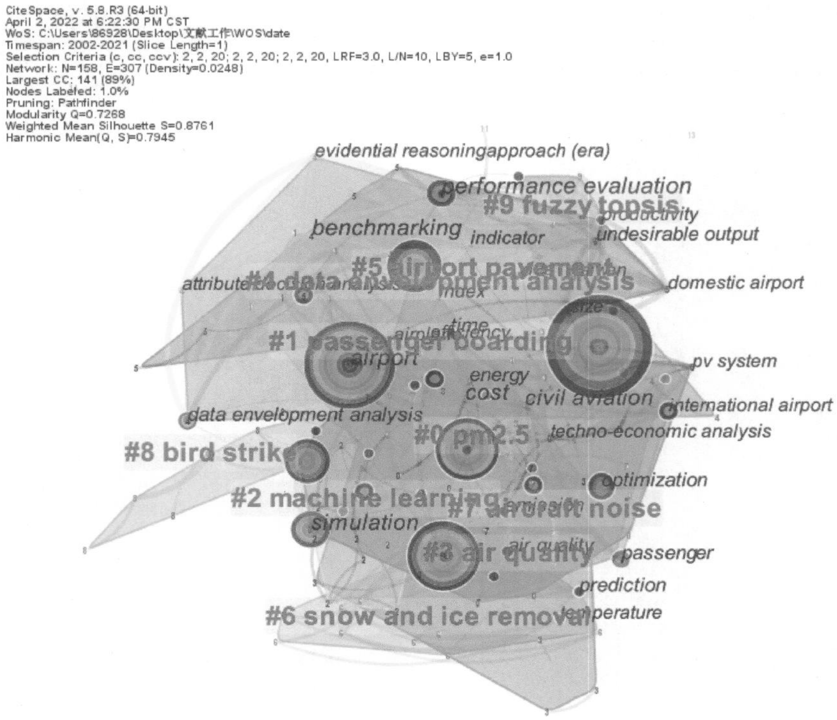

图 1-10　关键词聚类结果

经统计，共有 12 个聚类标签，分别为"pm2.5""passenger boarding 旅客登机""machine learning 机器学习""air quality 空气质量""data envelopment analysis 数据包络分析""airport pavement 机场道面""snow and ice removal 除冰除雪""aircraft noise 飞机噪声""bird strike 鸟击""fuzzy topsis 模糊指标值""corporate social responsibility 企业社会责任""aircraft navigation 飞机导航"，具体如表 1-9所示。

表 1-9　关键词共现网络聚类表

聚 类 号	聚 类 大 小	标识词（LLR）
#0	24	PM2.5、techno-economic analysis 技术经济分析
#1	20	passenger boarding 旅客登机、airplane boarding strategies 飞机登机策略
#2	15	machine learning 机器学习、radar tracking 雷达跟踪、stiffness modulus 刚度模型
#3	15	air quality 空气质量、pollution 污染、impact 影响
#4	13	data envelopment analysis 数据包络分析、airlines 航空公司
#5	12	airport pavement 机场道面、open-graded asphalt 开放级沥青
#6	12	snow and ice removal 除冰除雪、climate change 气候变化、electrically conductive concrete 导电混凝土
#7	10	aircraft noise 飞机噪声、airport noise 机场噪声
#8	7	bird strike 鸟击、bod modelbod 模型
#9	7	fuzzy topsis 模糊指标值、multi criteria decision making 多准则决策、clustering algorithms 聚类算法
#10	3	corporate social responsibility 企业社会责任、airport strategy 机场战略
#11	3	aircraft navigation 飞机导航、reliability theory 信度理论、performance-based navigation 基于绩效导航

根据聚类标签，可将航空枢纽评价国际研究热点主题词划分为以下几个方面。

1. 机场安全评价

该聚类标签包括"#5 机场道面""#6 除雪除冰""#8 鸟击""#11 飞机导航"等。机场安全包含多个方面，学者从不同的角度评估机场的安全。机场道面是航空器起降、滑行、停放的地方，道面材质、道面裂缝等对机场安全的影响都不容小觑（HUMPHRIES et al，2015；STEYN et al，2016；ALABI et al，2021；SAQER H et al，2021）。当遭遇极端天气，为保障航班正常运行，需要快速对航空器除冰除雪，对除冰除雪系统的评估能够更好地推进此项工作（KEIS，2015；SADATI et al，2018；NAHVI et al，2018）。如何防止鸟击、如何避免鸟击、如何解决鸟击问题都是机场安全运行重点研究问题（WANG et al，2012；NING et al，2014；LOPEZ-LAGO et al，2017；ZHAO et al，2019）。

2. 机场运行影响评估

该聚类标签包括"#7 飞机噪声""#0 PM2.5""#3 空气质量"等。随着机场数目的增多，机场噪声成了关注重点，对机场噪声的评估与防治成为研究重点（ZACHARY et al，2010；VOGIATZIS，2012；SCHWAB et al，2020；TOMAS et al，2021）。民航业发展迅速，航空器的大量投入使用、飞机尾气的大量排放带来空气质量问题（ZACHARY et al，2010；SIMONETTI et al，2015；TAGHIZA-DEH，2019；DISSANAYAKA，2020）。近年来，"绿色机场"概念深入人心，为机场规划的可持续发展提出更迫切要求（FRANCISC et al，2011；BAO et al，2018；SANTA et al，2020）。

3. 机场服务评价

该聚类标签包括"#1 旅客登机""#10 企业社会责任"。随着民航业的发展，旅客并不仅仅只满足于点对点的位移服务，而是希望获得更好的机场服务，对机场服务质量的评价有助于提高其服务品质（ZIDAROVA et al，2011；KUO et al，2011；CUERVO et al，2013；WANG et al，2020；CHENG C et al，2019），学者运用多种方法对机场服务质量进行评价研究（CHOU，2009；ZHOU et al，2021）以促进机场发展，提高顾客满意度。

4. 航空枢纽评价方法

该聚类标签包括"#2 机器学习""#4 数据包络分析""#9 模糊指标值"等。方法对于研究的结果具有重大影响，不同方法的运用会产生相差较大的结果。枢纽机场是中枢航线网络的节点，是航空客货运的集散中心，枢纽机场对于一个城市乃至一个国家的航空业发展都影响巨大，枢纽航空系统的构建能够在一定程度上激发城市及国家的活力（PISHDAR et al，2019）。机场管理问题也日益受到关注，机场的有效管理能够更好地服务旅客、保障航班正常运行（FERNANDES et al，2010）。机场容量的评估对机场往后的发展尤为重要，容量评估过高造成资源限制，过低则成为机场发展的瓶颈。有学者运用马尔可夫政权切换方法对吞吐量进行评价（DIANA，2015），也有基于机器学习对机场道面进行评估的（BALDO et al，2021；SANGWAN et al，2019），还有基于 TOPSIS 方法对机场服务质量进行评价研究（ZHOU et al，2018）。

（二）研究前沿的演化

通过关键词的突现分析，进一步探究航空枢纽评价的国际研究前沿。运用 CiteSpace 软件，在热点研究的基础上，得到关键词突现时段图（如图1-11所示）。

Keywords	Year	Strength	Begin	End	2002—2021
dea	2002	2.99	**2004**	2012	
airport pavement	2002	2.4	**2009**	2012	
airport	2002	2.93	**2012**	2016	
health	2002	2.27	**2012**	2013	
management	2002	3.04	**2015**	2018	
system	2002	2.65	**2015**	2017	
design	2002	3.05	**2016**	2017	
decision making	2002	2.21	**2016**	2017	
time	2002	2.32	**2017**	2021	
strategy	2002	3.23	**2018**	2021	
passenger	2002	3.23	**2018**	2021	
prediction	2002	2.42	**2018**	2021	
impact	2002	3.06	**2019**	2021	
international airport	2002	2.21	**2019**	2021	

图1-11 航空枢纽评价关键词突现时段图

根据图1-11展示的航空枢纽评价研究的关键词突现情况可以发现，航空枢纽评价研究可按时间划分为以下三个阶段。

第一阶段（2004—2012年）：该阶段的关键词有"dea""airport pavement机场道面"等。随着航空运输需求的增多，机场的建设发展逐渐进入学者的视野，而机场道面对于机场的建设运营十分重要，决定了飞机在起飞、滑行及降落阶段的安全（LIU et al, 2019；MA et al, 2019）。在机场运营中，机场的运营效率成为学者们的研究重点，多采用DEA（数据包络分析）的效率评价方法对机场效率进行评价（SARKIS et al, 2004；MARTIN et al, 2006；STORTO et al, 2018）。

第二阶段（2013—2017年）：该阶段的关键词有"airport机场""management管理""System系统""design设计""decision making决策"等。随着航空枢纽建设的逐步发展，机场系统面临许多设计、管理和决策的问题（GUARINI et al, 2018；SHEN et al, 2019），如何选择更加切合航空枢纽发展的管理方案成为当前的研究重点。

第三阶段（2018—2021年）：该阶段的关键词有"time时间""strategy策略""passenger旅客""prediction预测""impact影响""international airport国际航空枢纽"等。近年来，航空运输需求持续增长，许多机场进行多次改、扩建，为避免人力、物力、财力的浪费，对机场容量的预测至关重要，包括机场的航班时刻、旅客吞吐量等（TIAN et al, 2019；HOSSAIN et al, 2019）。由于机场是一个面向大众的服务窗口，需不断提升旅客对机场服务的好感（WANG et al, 2015；CHENG et al, 2019）。随着国际间的合作交流增多、机场数量的增多意味着需要进一步明确各机场的定位，国际航空枢纽的建设也刻不容缓。

四、主要分析结论

本节运用CiteSpace软件对WOS数据库中2002—2021年航空枢纽评价领域的755篇外文文献进行了可视化分析。通过从主要期刊分布、核心作者分布、国家分布、研究机构分布、关键词共现、关键词聚类与热点词突现等方面的分析，得出以下研究结论。

一是航空枢纽评价领域的研究发展得到逐渐重视。从发文量与发文时间来看，航空枢纽评价领域的发文量随时间逐渐增加，在近几年新冠疫情期间的发文速度较快。中美之间的发文量差距也在近几年逐渐缩小。从核心作者的高发文量来看，发文量较多的学者是 Gopalakrishnan，主要研究方向为机场道面、跑道容量评估；从发文核心机构来看，发文量较多的是德国的亥姆霍兹协会，我国在该领域内的核心研究集中于民航类院校。

二是航空枢纽评价领域的研究热点呈现多样、递进式特点。关键词共现图谱聚类分析结果显示，航空枢纽评价研究热点主题词主要包括机场安全评价、机场运行影响评估、机场服务评价、航空枢纽评价方法四个方面，研究的热点也是从机场运行、安全评价转向机场服务评价，更加注重旅客感知，致力于在机场安全运营的前提下提升机场服务品质。

三是航空枢纽评价领域的研究热点呈现快速发展趋势，大致分为三个阶段：2004—2012 年，以关注机场建设发展和机场运营效率为主；2013—2017 年，以关注航空枢纽管理方案的选择为主，重点是解决航空枢纽设计、管理和决策的问题；2018—2021 年，以关注机场容量评估、基于旅客的机场服务提升和国际航空枢纽建设为主。

第二章
国际航空枢纽竞争力形成机制

国际航空枢纽竞争力受内外部多种因素影响。本章依据资源能力学派基础理论，从资源、能力及环境三个维度对国际航空枢纽竞争力的形成机制进行分析，结合竞争力相关理论研究对国际航空枢纽竞争力内涵进行界定，总结国际航空枢纽运行特征及发展关键因素，为建立国际航空枢纽竞争力评价指标体系提供理论支撑。

第一节　国际航空枢纽竞争力形成机制及内涵

一、国际航空枢纽竞争力形成机制

依据企业竞争力理论中的资源能力学派对企业竞争力来源的解释（BARNEY J B，1991，1995；GRANT R M，1991，1996），并结合前文相关文献综述，本书认为国际航空枢纽竞争力主要受到内部因素与外部因素的影响。其中，内部因素影响主要包括国际航空枢纽所拥有的资源，以及在经营活动中对资源的使用所形成或创造的能力；外部影响因素主要指国际航空枢纽所处的环境。国际航空枢纽竞争力的形成是国际航空枢纽环境、资源、能力相互关联、共同作用的复杂过程。其中，资源是国际航空枢纽竞争力形成的支撑基础，能力是国际航空枢纽竞争力形成的内部根源，经营环境是国际航空枢纽竞争力形成的外部条件，而国际航空枢纽竞争力不断优化的最终目标与结果将体现为国际航空枢纽长期稳定竞争优势的获得。国际航空枢纽竞争力形成机制可用图 2-1 表示。

资源是国际航空枢纽竞争力形成的支撑基础，对资源的获取与使用最终形成国际航空枢纽在资源方面以及适应环境方面的多种能力（GHANDLER，1992；GHANDLER et al，1994；TEECE，1984；TEECE et al，1997；黄津孚，2001）。同时，国际航空枢纽所处的环境，包括政策法规、经济、技术、社会等外界因素也会对国际航空枢纽竞争力的形成产生影响。国际航空枢纽竞争力的形成是一个动态过程，要求国际航空枢纽在资源配置和能力培养过程中，不断优化各项业务活动和管理活动，主动适应环境变化，才能在竞争市场上获得竞争优势。国际航空枢纽竞争力不断发展、强化的结果就是国际航空枢纽取得竞争优势，这也是其生存和经营的目标所在。

（一）资源对国际航空枢纽竞争力的影响

许多学者从不同角度对企业所拥有的资源进行了定义，并且这些定义并不一致。本书认为对国际航空枢纽资源的界定不能太宽泛，否则会使国际航空枢纽资源成为一个十分复杂的集合体。根据对资源能力学派有关文献资料的综合分析，本书倾向于狭义的资源概念（不包括能力要素）**对国际**

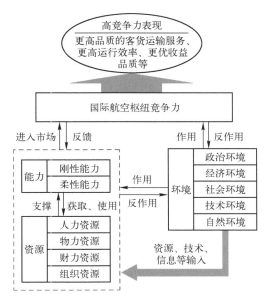

图 2-1 国际航空枢纽竞争力形成机制

航空枢纽资源作如下界定：国际航空枢纽资源是指其所控制的、并用来创造价值的经营要素及要素间关系的统称。其基本特征是：国际航空枢纽资源是投入到经营过程中及经营过程中产生的各种要素的组合；能够创造价值，也就是说国际航空枢纽资源应该是对发展有用的；这些资源能够被国际航空枢纽所利用与控制，这界定了国际航空枢纽资源的边界与外延。本书按照不同种类的资源应该能相互区分为划分原则，依据资源的形态把国际航空枢纽资源划分为四种类型，即：人力资源、物力资源、财务资源和组织资源。现分别阐述如下。

人力资源包括国际航空枢纽的员工规模，也包括管理人员与一般员工个人的知识技术水平、整体素质与知识技能、结构等方面内容。它是国际航空枢纽能力得以形成的基础和重要载体。高层管理人员决定了国际航空枢纽的整体战略定位及组织运行模式；中层管理人员对战略执行起到关键核心作用；基层管理人员与员工决定了航空枢纽各项业务的展开质量、进度及实施情况。人力资源是国际航空枢纽成长与发展最基本的资源，它是有意识、有价值观的资源，不但能转移价值而且能创造价值。人力资源是最具有能动性的资源，是形成国际航空枢纽能力的主要力量。

物力资源是指国际航空枢纽在建设和经营过程中所具有的必备资源，它包括跑道、航站楼、货站、机坪、信息系统等基础设施资源。尤其是硬件基础设施资源，可以说是国际航空枢纽的基因，不但决定了国际航空枢纽能够服务的航空客货运输规模上限，也决定了旅客服务流程、货运服务流程的效率与质量。并且，基础设施建设涉及大量投资，建设完成后折旧时间长，投资建设一旦完成短期内难以改变。物力资源是国际航空枢纽正常运转的最基本条件。

财力资源指国际航空枢纽经营与发展必须的、与资金保证程度有关的资源，包括货币资金的数量、来源渠道等。财力资源决定了国际航空枢纽整体的资金规模情况，财力资源越充足，国际航空枢纽资金安全性越高；资金来源渠道越多，为国际航空枢纽提供的基础设施建设及运行保障就愈加充足。并且，从另外意义上来看，国际航空枢纽能够获得的财力资源规模及渠道越多，说明其本身的发展潜力越高，价值越大，具备的潜在竞争力也越高。

组织资源包括国际航空枢纽的组织结构，正式与非正式计划，控制、协调体系及航空枢纽内部产权结构等。组织资源是国际航空枢纽得以运行的权力基础架构体系，决定了其他资源以何种方式在组织体系中流动，也决定了决策体系、信息流动的方向及过程。例如，以产权结构为基础的对业务管控模式，采用财务型管控模式或者战略型管控模式，对各项业务具体开展都将产生影响。

对国际航空枢纽而言，资源是其能够运行的前提条件，是生存与发展的基础。但是资源作为国际航空枢纽竞争力形成的基础要素，这种要素本身并不能自动创造价值，它只有通过国际航空枢纽的特定行为才能发生转化，而这一行为过程就是能力的产生与运用过程。

（二）能力对国际航空枢纽竞争力的影响

能力（capability）是一个复杂的概念，通常被抽象地认为是企业中的特殊物质，即能够使一个组织比其他组织做得更好的特殊物质（SELZNICK，1957）。尽管理论上难以十分准确地指出企业能力的定义和实践中企业能力所在，但它是客观存在着，并对企业运作与发展时时刻刻产生作用。关于能力概念的提出，其源头可追溯到古典经济学家亚当·斯密的劳动分工理论。其后，Marshall（1920），Selznick（1957），Penrose（1959），Richardson（1960），Prahalad 和 Hamel（1990）等学者从不同的角度研究和定义了企业能力。其中重要观点有以下几种：Richardson（1972）认为能力是企业拥有的知识、经验和技能；Moingeon 和 Ramanantsoa（1998）认为能力是企业对资源进行优化配置的过程；Petroni（1998）认为，企业能力是企业的一种特殊的智力资本，这一资本确保其拥有者从事生产经营活动，由其促使企业以自己特定的方式更有效地处理生产经营活动中的各种现实难题；Mahoney 和 Pandian（1992）认为，企业潜在资源转为活动就是能力；Grant（1991，1996）认为能力就是完成一定的任务或活动的一组资源所具有的能量，但能力不能简单地视为禀赋或信息，它代表了组织内资源之间的相互作用，具有显著的惯性及企业专有性，它从属于学习并随实际问题的解决而改变（DOSI et al，1994）；能力也不仅是指资源集合，更是企业内部所形成的人与人、人与其他资源之间的相互协调的复杂模式（FOSSE，1998）。企业能力理论发展得非常快，现已成为分析企业经营战略的重要理论依据。企业能力理论相对于企业资源理论来说，在理论上是一大进步，尤其是它注意到了企业自身的自发性、主动性和环境变化的不确定性等方面。企业能力理论同样也存在和资源理论相同的问题，即未能对概念给予清晰的界定。

国际航空枢纽所拥有的能力体现在各种生产经营活动中，是国际航空枢纽有效使用资源并使其相互作用，从而产生新的能力与资源的能力，它以知识为内涵并反映知识的学习、积累和应用。从广义的资源观点看，能力属于无形资源的范畴，但能力作为特殊资源，其重要作用是区别于其他资源的。如果将能力视为资源，那么就很难理解能力发展过程中能力与竞争力之间的关系。因此本书将国际航空枢纽的能力作为特殊的资源从资源体系中独立出来。国际航空枢纽在运营过程中所表现出来的对外界环境的适应，对战略的把握，投资、建设、运营过程中的成本控制，业务拓展及品质保障等能力对国际航空枢纽的竞争力产生着重大的影响。

国际航空枢纽所拥有的各种能力具有不同的属性，本书把国际航空枢纽所拥有的能力分为刚性能力与柔性能力。刚性能力主要是指以知识为基础的积累性学识，一般不能通过短期突击或买卖交易迅速获得，而是要经过较长时间的内部积累和学习过程才能获得，是竞争力形成的基础；柔性能力主要是指国际航空枢纽对动态环境的有效反应和适应能力。这里的反应和适应既包括被动的响应，也包括主动的创新和影响环境，国际航空枢纽这种主动适应环境的能力越强，在此能力体系上所形成的竞争力也就越强。

国际航空枢纽资源与能力这两个概念既有区别又有联系。资源是国际航空枢纽生产过程中的投入要素，而能力是人与人之间、人与资源之间相互作用协调的互动关系。国际航空枢纽资源是可以通过某些渠道从外部环境中获取的，例如跑道、候机楼、特种车辆等设备设施可以通过市场交易或通过向政府申请获得，甚至还可以向政府申请财政补贴，获得财务上的支持。而能力则是在国际航空枢纽内部形成的，如国际航空枢纽在长期运营过程中所形成的成本控制能力、航线开辟能力、市场营销能力等，这些都不能够通过市场进行交易。

由于国际航空枢纽能力的这种内在性，能力很难从一个国际航空枢纽移植到另一个国际航空枢纽中去。Teece（1993）认为"能力很难进行买卖，公司只能通过构建获得"。Penrose（1959）在对资源和能力进行区分的基础上指出，能力更多地与生产过程有关，以一种动态的形式体现在生产过程中，也指出一个企业获得租金可能并不是因为它有更好的资源，而是由于它具有更好地利用这些资源的特殊能力。从这个意义上说，资源往往是静态的、被动的，而能力是动态的、能动的，并且也是竞争力更主要、更直接的来源。

国际航空枢纽资源与能力的相互联系表现为两者在应用过程中是不能分割的。一方面，国际航空枢纽能力的形成依赖于国际航空枢纽资源的储备，比如，营销能力依赖于国际航空枢纽基础设施资源、已有航线资源积累等；另一方面，资源的使用与获得依赖能力，比如，国际航空枢纽在积累市场知识方面的优势依赖于国际航空枢纽的信息收集过程。国际航空枢纽资源若离开了能力便毫无价值；没有资源，能力也就无从而生，资源和能力相辅相成，缺一不可。

就本身而言，国际航空枢纽资源几乎没有生产能力，只是蕴含着巨大的潜在价值，只有这些资源被综合开发使用才能显示其价值。换言之，国际航空枢纽只有在动态的生产运营过程中，或者说在对资源的开发与使用过程中所表现出的满足国际航空枢纽及旅客需要的能力才是其竞争力的主要来源。因此，资源是国际航空枢纽能力的支撑基础，能力才是国际航空枢纽竞争力的最直接的主要来源。

（三）环境因素对国际航空枢纽竞争力的影响

国际航空枢纽的投资建设、运营、发展都与其所在的环境密切关联。因此，同其他企业一样，国际航空枢纽不可能脱离环境而独立存在。国际航空枢纽的生产运营过程需要从外部环境中获得各种资源、技术、信息等输入。国际航空枢纽的服务产品必须通过市场提供给顾客，即国际航空枢纽必须与外部环境发生物质、能量和信息交换。

外部环境因素对国际航空枢纽竞争力的影响有直接影响与间接影响这两种方式。直接影响是指环境因素直接作用于国际航空枢纽竞争力，例如国际航空枢纽所在地区的经济发展、其他交通运输方式的发展水平等，都直接影响国际航空枢纽竞争力。而某些外界环境因素，如航权资源的获取难易程度、政府政策的扶持力度等，都是通过作用于国际航空枢纽的资源与能力，进而影响国际航空枢纽竞争力，可以把这种影响看作外部环境对国际航空枢纽竞争力的间接影响。

分析影响国际航空枢纽竞争力的环境因素，虽然要根据国际航空枢纽的特点和经营需要来进行，分析的具体内容与一般企业环境分析会有差异，但一般都会从政治（political）、经济（economic）、社会（social）、技术（technological）、自然（nature）这五大类主要外部环境因素进行分析，即 PESTN 分析法，本书也采用了这种方法。需要指出的是，对国际航空枢纽来说，政府政策对国际航空枢纽的影响尤为突出。政府对国际航空枢纽经营活动的干预程度既影响着国际航空枢纽资源的获得、积累，也影响着国际航空枢纽竞争力的形成与发挥。国家政策趋向可以为国际航空枢纽创造并保持竞争优势，也可以削弱甚至破坏这种优势，政府的某一项规定有时会对整个行业竞争格局进行重新定义。

国际航空枢纽所处国家或地区经济发展状况、旅游资源分布情况，以及路侧交通发展程度都会对国际航空枢纽竞争力产生影响。例如，如果当地的经济发达程度高，旅游资源较丰富，会为国际航空枢纽提供丰富的客货运输需求，为国际航空枢纽自身价值的实现提供条件。国际航空枢纽自身难以改变所处国家或地区的经济发展状况、政府政策、自然环境及其资源分布等因素，只能适应并在一定程度上影响这些环境因素。

国际航空枢纽并不仅仅依存于环境，它与环境也有相互作用关系，即环境影响国际航空枢纽生产运营，国际航空枢纽也影响环境。当国际航空枢纽拥有较强竞争力时，它能够运用自己的力量改变自身所处的环境，有时甚至还可以影响某些环境因素，例如对某种资源或政策的获取，从而获得有利的发展机会。

二、国际航空枢纽竞争力内涵

国内外研究者对企业竞争力的界定虽然不尽相同，但都肯定了比竞争对手具有更高的效率和效益是企业竞争力的表现（PRAHALAD et al，1990；吴添祖 等，2001；李正中 等，2001），符合人们对竞争力的一般认识。综合考虑国内外学者对于企业竞争力的理解，联系国际航空枢纽竞争力形成机制，以及国内外国际航空枢纽竞争的实际状况，本书认为，对于国际航空枢纽而言，谁拥有较好的外部环境（包括政府政策、区位优势等），同时具有有效的获取和使用资源、适应环境变化的内在能力和机制，谁就能够为消费者提供航线网络连通性更强、价格更低和服务质量更高的航空运输客货运服务，从而争取到更多的消费者，在市场竞争中居于有利地位。也就是说，比竞争对手具有更高的效率和效益是国际航空枢纽的竞争优势，是国际航空枢纽竞争力在市场竞争中的表现。这种竞争优势来源于国际航空枢纽拥有的资源，以及国际航空枢纽获取和使用资源、适应环境变化的能力与机制。

因此，**本书将国际航空枢纽竞争力定义为：国际航空枢纽在参与航空运输市场竞争的过程中，通过获取、整合与利用内外部资源，表现出相对于竞争对手更好地适应环境，为顾客提供更高质量的服务产品，为国际航空枢纽带来收益和自身发展的综合力量。**

上述国际航空枢纽竞争力的定义，强调了以下几点：第一，国际航空枢纽竞争力源于国际航空枢纽有效获取和使用资源，更好地适应环境（包括对环境的被动响应与主动影响）的能力；第二，国际航空枢纽竞争力在市场竞争中表现出来，体现在顾客价值和枢纽机场自身利益（收益与发展）两个方面；第三，培育与提升竞争力可以使国际航空枢纽在竞争中获得持续的竞争优势。本书将在上述定义的基础上，对国际航空枢纽竞争力问题进行研究。

第二节　国际航空枢纽运行特征与发展关键因素

结合国际航空枢纽竞争力形成机制，从地理区位与运输流向、协同的国内国际市场、大容量骨干运输通道、高效的交通接驳效率、发挥不同合作者效能等五个方面总结国际航空枢纽运行特征及发展关键因素，为国际航空枢纽竞争力评价指标设置提供参考依据。

一、地理区位与运输流向

对全球大型国际航空枢纽的地理位置及运输流向进行分析，可以发现其所在的地理区位直接决定了其运输流向的特征。例如图 2-2 中，美国洛杉矶机场位于美国的西海岸，以洛杉矶为圆心 4 小时可以覆盖北美地区 88% 左右的领土。就空运区位而言，洛杉矶机场西接繁忙的跨太平洋航线，东连密集的美国国内航线网络，北接美加航线，南连拉美航线，已经成为北半球中高纬地区的环绕全球的航空圈带上的重要节点。美联航也正是利用了洛杉矶机场的有利位置，发展跨太平洋航线，并且在这一市场中占据了绝对优势。

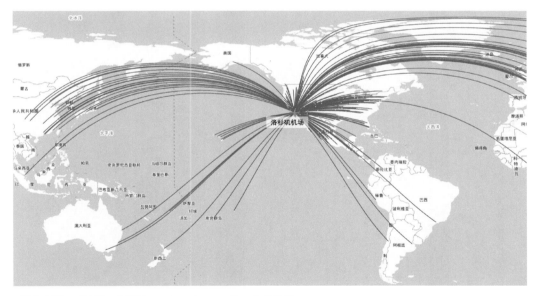

图片来源：天地图，审图号 GS（2022）3124 号，作者处理。

图 2-2　美国洛杉矶机场航线网络布局

纽约肯尼迪机场位于美国的东海岸（见图 2-3），在美国国内与西欧市场间起着重要的连通作用。纽约肯尼迪机场到伦敦希思罗机场可以说是全球最繁忙的航线之一。

阿联酋迪拜机场的地理位置使其作为连接欧洲与亚洲大陆的中转枢纽最为适宜，其拥有极低的绕航率（见图 2-4）。依靠优秀的地理位置及政府的大力支持，中东枢纽的崛起对全球航空运输市场格局的改变产生了不可忽视的影响。

东南亚的新加坡樟宜机场（见图 2-5），其地理位置可以辐射大洋洲、东南亚，并且以新加坡为中转点，可以有效把澳新与欧洲市场、东南亚与欧洲市场、澳新与南亚市场有效地连接起来。新加坡樟宜机场是"袋鼠航线"上最早的竞争参与者，这与其地理区位特点密不可分。

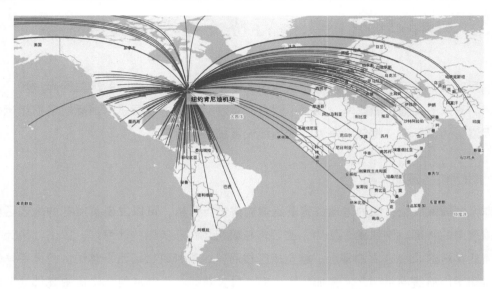

图片来源：天地图，审图号 GS（2022）3124 号，作者处理。

图 2-3　美国纽约肯尼迪机场航线网络布局

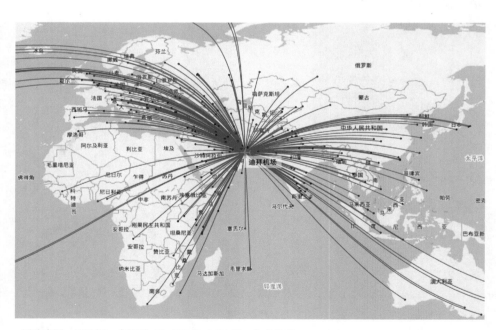

图片来源：天地图，审图号 GS（2022）3124 号，作者处理。

图 2-4　迪拜机场航线网络布局

我国的上海浦东机场（见图 2-6）、北京首都机场，以及韩国首尔仁川机场、日本东京成田机场、东京羽田机场，在地理区位上都极为相似。日、韩国家的航空枢纽在连通北美市场上航路距离更短，比我国的国际航空枢纽有优势；同样，北京、上海在连接欧洲市场上，比日、韩国家的航空枢纽有优势。

地理区位是航空枢纽所具备的天然属性，不能改变。地理区位也在很大程度上决定了该航空枢纽的运输流向，只有充分利用区位优势的航空枢纽，才能在竞争中逐步凸显其中心地位。以我国的广州白云机场中转市场建设为例：广州白云机场地处我国华南，在国内中转市场方面，东西方向航线绕航率较高，南北方向上的航线也不具有突出优势，日后发展的重点需要聚焦在国内转国际的航线网上，例如东南亚、澳新可以从广州再转到欧洲等。

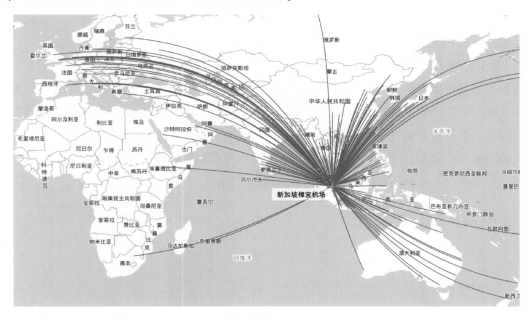

图片来源：天地图，审图号 GS（2022）3124 号，作者处理。

图 2-5 新加坡樟宜机场航线网络布局

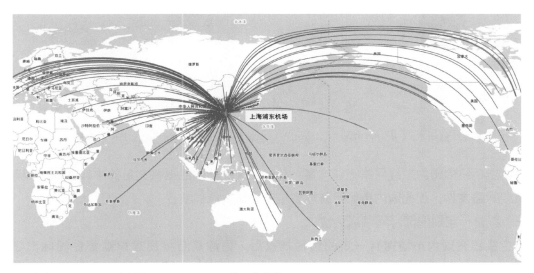

图片来源：天地图，审图号 GS（2022）3124 号，作者处理。

图 2-6 上海浦东机场航线网络布局

二、协同的国内国际市场

（一）航空枢纽分类

从目前国际航空枢纽类型上来看，根据腹地市场情况，主要分为三种类型：强腹地型航空枢纽、弱腹地型航空枢纽、中转型航空枢纽。强腹地型航空枢纽指拥有较大运输腹地市场的航空枢纽，以美国、中国的航空枢纽为代表。弱腹地型航空枢纽指有一定本地运输市场，同时也要依靠其他国家运输需求作为补充的航空枢纽，这类航空枢纽以西欧的法兰克福机场、伦敦希思罗机场、巴黎戴高乐机场，以及日、韩国家的航空枢纽为代表。第三类为本地市场需求很弱，基本没有国内运输市场需求，依靠中转客流支撑的航空枢纽，以迪拜机场、哈马德机场等航空枢纽为代表。本节重点对强腹地型航空枢纽的国内国际市场发展进行探讨。

（二）国内市场是腹地型航空枢纽发展前提

强腹地型航空枢纽发展是一个不断演进的过程，国内市场先于国际市场。在国际化建设进程中，拥有较强市场腹地需求的航空枢纽首先要获得国内运输规模的增长，并且国内航线网络连通性达到一定程度，才可能具备在洲际航线发展的条件。例如，北京首都国际机场出港西欧、北美等洲际航线中转旅客占比都超过了50%。以2019年"北京首都机场—纽约肯尼迪机场"航线单向旅客构成为例（见图2-7），该航线单向旅客中转占比达到76%。

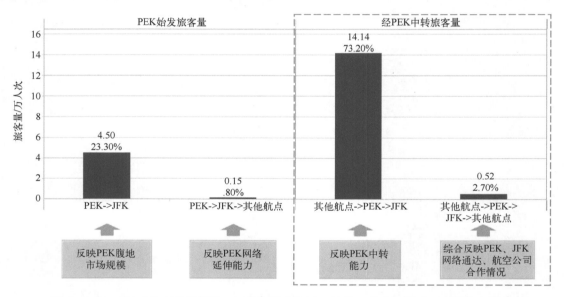

图2-7　2019年"北京首都机场—纽约肯尼迪机场"航线（单向）直达、中转旅客构成

如果航空枢纽的国内航线网络不够丰富，就无法为洲际航线提供充足的中转客源。洲际航线要有国内航线网络支撑，因此国内市场是腹地型航空枢纽发展的前提。

（三）具备一定规模国际网络通达性

当航空枢纽在国内市场拥有一定的运输规模后，国际航空枢纽建设需要在国际市场不断发力，丰富完善国际航线网络通达性，并且国际运输市场规模占据一定比例。将美国的亚特兰大机场、洛杉矶机场、纽约肯尼迪机场，和我国北京首都机场、上海浦东机场以及广州白云机场航线网络覆盖范围进行对比，如图2-8所示。

在国际航点通达范围方面，我国北京首都机场与美国纽约肯尼迪机场不相上下，已经达到130多国际航点覆盖；上海浦东机场国际航点数量已经超过洛杉矶机场。运用单位国际航点周频表征国际航线网络厚度，上述美国航空枢纽与我国航空枢纽航线网络厚度对比如图2-9所示。上海浦东机场平均国际航点周频为17.0，已经超过了纽约肯尼迪机场（12.6）。

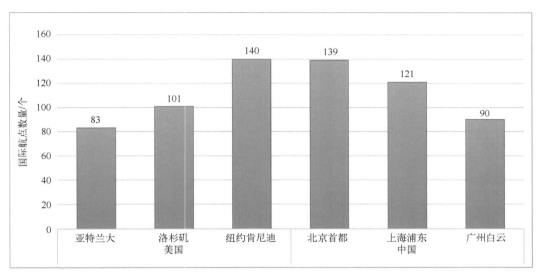

图 2-8　2019 年我国三大航空枢纽与美国三大航空枢纽国际航点数量对比情况

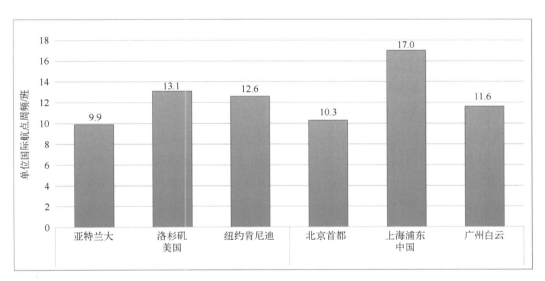

图 2-9　2019 年我国三大航空枢纽与美国三大航空枢纽单位国际航点周频对比情况

在国际运输市场规模方面，美国亚特兰大机场、洛杉矶机场、纽约肯尼机场，以及我国的北京首都机场、上海浦东机场、广州白云机场的国际旅客运输规模占比如图 2-10 所示。虽然亚特兰大机场旅客总运输规模一直位于全球榜首，但是其国际旅客运输规模占比仅为 12.2%，低于其他对比航空枢纽 25% 以上的水平。因此亚特兰大机场更多地被视为美国的国内航空枢纽；美国的国际航空运输以纽约肯尼迪机场、洛杉矶机场为主，这两个机场承担了美国国际航空枢纽的主要功能。

我国的国际航空枢纽建设与美国情况不同。北京首都机场、广州白云机场承担了国内航空枢纽与国际航空枢纽的双重功能与作用。上海浦东机场表现出较高的国际占比，是因为上海的"一市两场"分工明确，上海虹桥机场承担了国内航空枢纽功能，上海浦东机场承担了绝大部分国际市场运输需求。**拥有一定比例的国际市场规模是国际航空枢纽建设的第二个条件。**

（四）航线网络中转衔接效率高

国际航空枢纽的国内、国际网络的协同，最终体现在航空网络的中转衔接上。当枢纽机场国内

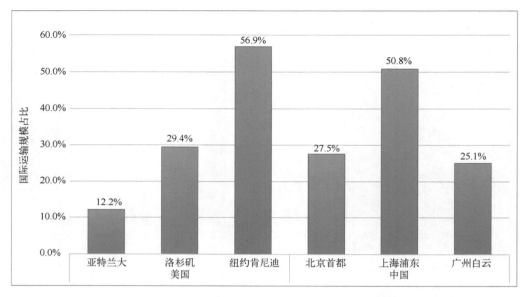

图 2-10   2019 年我国三大航空枢纽与美国三大航空枢纽国际旅客运输规模占比情况

市场及国际市场发展具有一定的规模，将国内航线和国际航线做好协调衔接成为重中之重，高效的中转流程可以提高旅客体验满意度，吸引更多客流。

航空枢纽的枢纽能力最重要的体现就是中转效率，其发展离不开中转能力建设。完善且高效的中转服务体系是航空枢纽提升竞争力的重要因素，中转效率对于表现中转服务水平具有很强的代表性。最短衔接时间（MCT）是评估航空枢纽中转效率的重要指标。对比各航空枢纽的 MCT，平均为 75 分钟，其中国内转国内时间最短，为 55 分钟，国内转国际与国际转国际均在 80 分钟以内，国际转国内为 88 分钟。法兰克福机场市场 MCT 最短，中转只需要 45 分钟，这也为旅客带来更多的中转衔接机会组合。

各航空枢纽的最短衔接时间（MCT）如表 2-1 所示。

表 2-1   各国际航空枢纽中转 MCT 时间   单位：min

航 空 枢 纽	国内转国内	国内转国际	国际转国内	国际转国际
亚特兰大机场	55	60	90	90
洛杉矶机场	70	90	120	120
奥黑尔机场	50	75	90	90
达拉斯机场	50	50	70	70
纽约肯尼迪机场	60	75	105	120
伦敦希思罗机场	85	85	85	85
巴黎戴高乐机场	100	110	110	110
阿姆斯特丹史基浦机场	30	60	60	45
法兰克福机场	45	45	45	45
迪拜机场	20	60	60	75
东京羽田机场	30	120	120	60
首尔仁川机场	40	115	115	75
曼谷素万那普机场	75	75	75	75

数据来源：OAG 数据库，作者处理。

中转过程涉及多方面因素，需要枢纽机场最大限度地满足航班与航班之间的中转衔接需求，提供旅客进行中转时的服务保障。这就要求枢纽机场通过完善中转设施、优化硬件基础设施布局、简化中转流程，提升枢纽机场中转保障能力，为旅客提供优质中转服务，缩短旅客和货物的中转时间。

三、大容量骨干运输通道

大型腹地型国际航空枢纽基本处于经济发达或比较发达的国家和地区，拥有较为充沛的本地客货市场需求。在对外沟通交往方面，国际航空枢纽承担着本地区通达全球各区域市场的责任。因此，**腹地型的国际航空枢纽都表现出拥有大容量的国内、国际干线交通网络。**

以洛杉矶机场为例，其2019年在美国国内市场的网络通达性如图2-11所示。2019年洛杉矶机场在美国国内市场上与旧金山机场、纽约肯尼迪机场、达拉斯-沃斯堡机场等航班往来密切，周频分别高达320.1班、254.4班和146.4班。

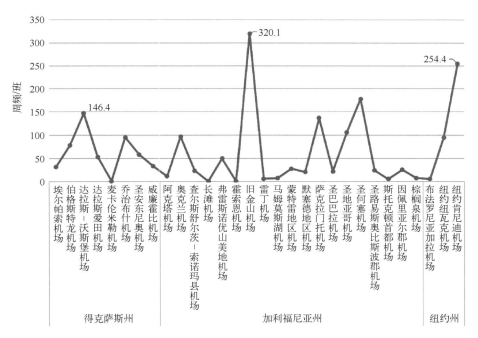

图2-11　2019年洛杉矶机场境内周频分布图

在国际市场联通上，洛杉矶机场与东北亚的东京成田机场、香港机场周频都在30班以上；在澳洲与金斯福史密斯机场周频也在30班以上，与西欧的伦敦希思罗机场、中美洲的墨西哥城机场达到了每周60班以上的频次，与北美州的温哥华机场更是达到了每周80班的航班密度。洛杉矶机场在上述地区的国际通航点航班周频情况如图2-12所示。

考察纽约肯尼迪机场在西欧地区的通航点周频如图2-13所示，其与伦敦希思罗机场的周频在130班以上（几乎每天20班次），形成洲际国际快线。

作为有用腹地市场的国际航空枢纽，大容量的国内、国际干线市场的连接，是其重要的功能体现及区域发展职责。

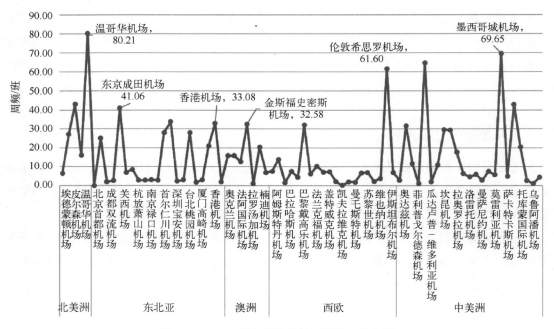

图 2-12　2019 年洛杉矶机场国际周频分布图

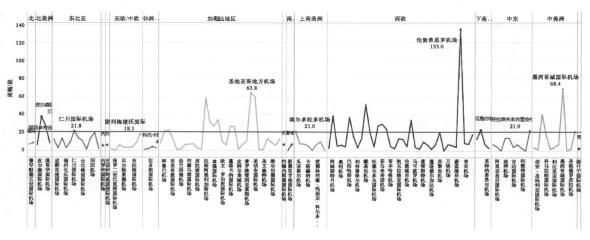

图 2-13　2019 年纽约肯尼迪机场国际周频分布图

四、高效的交通接驳效率

高效的地面交通接驳效率为航空枢纽提升腹地辐射吸引能力提供重要保障。公共交通、轨道交通已经成为旅客进出机场的重要集散方式。据统计，全球大型航空枢纽均有 1 条以上的轨道交通（铁路、城轨）线路联通，德国法兰克福机场、英国伦敦希斯罗机场、日本东京羽田机场等航空枢纽的轨道交通线路数量超过 3 条。一般航空枢纽轨道交通的集散比例可达到 20%～40%。在综合交通运输方面，法兰克福机场一直为人们称道。德国铁路经营着连接法兰克福机场和科隆、波恩、杜塞尔多夫等城市的城际高速列车（ICE）服务。同时，法兰克福机场临近 A3 与 A5 高速公路，多家巴士公司提供前往机场的巴士服务。从法兰克福周边城市出发，如科隆出发到布鲁塞尔、阿姆斯特丹、汉堡、明斯特和多特蒙德的中转旅客，平均旅行时间节省超过 1 小时。除此之外，东京羽田机场、伦敦希思罗机场等都拥有较为完善的地面集疏运网络。

五、发挥不同合作者效能

在航空枢纽建设过程中，航空公司、机场、政府、空管等部门各扮演不同角色，发挥不同作用、形成合力。

（一）航空公司在机场国际枢纽建设中的作用

通过对德国法兰克福机场、荷兰阿姆斯特丹史基浦机场、英国伦敦希思罗机场、美国纽约肯尼迪机场、北京首都机场等大型国际航空枢纽发展历程中，不同类型航空公司市场份额、对航线网络连通性的贡献程度等方面的研究，得出"不同类型航空公司对机场网络连通性贡献不同"的结论。**份额较高的主基地航空公司决定了机场的骨干航线网络结构，其他航空公司作为机场网络通达性贡献的重要补充，其作用也不可忽视。**

以法兰克福机场及其运营航空公司为例，如图 2-14 所示。汉莎航空及星空联盟决定了法兰克福机场的骨干航线网络架构，其他非星空联盟航空公司对法兰克福机场网络覆盖范围进行了补充。法兰克福机场 2019 年共通达 327 个航点，其中汉莎航空及星空联盟贡献了 213 个航点，其他航空公司在非重叠市场贡献了 114 个航点。

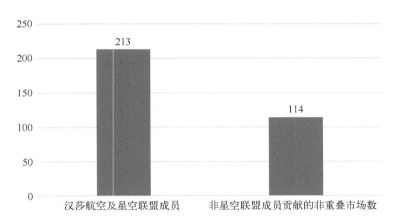

图 2-14　法兰克福机场星空联盟及非星空联盟成员对网络连通性的贡献

在我国的国际航空枢纽建设中也体现出同样的特征，图 2-15 为北京首都机场运营航空公司网络贡献。国航作为主基地航空公司，决定了北京首都机场的骨干架构，海航等其他航空公司在北京首都机场的网络覆盖范围方面给予了较好的补充。

（二）政府在航空枢纽建设中发挥政策支持引导作用

各级政府的支持引导是航空枢纽建设不可或缺的重要方面。国际上著名的航空枢纽大都得到政府的诸多政策扶持，包括战略规划扶持、财政扶持、开放的航空运输政策、便捷的海关签证政策等，如表 2-2 所示。

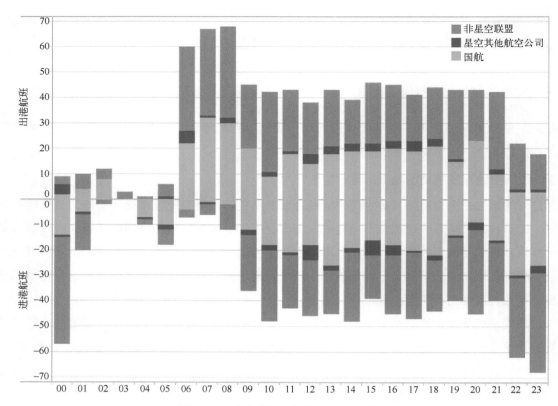

图 2-15　北京首都机场航班进出港情况

表 2-2　各大型航空枢纽所获得的政策支持

航空枢纽名称	各类扶持措施
巴黎戴高乐机场	法国政府为了支持巴黎戴高乐机场的发展，先期投入 6 000 多公顷土地，供机场公司开发利用；对巴黎戴高乐机场实施负税政策，并给予大规模投资
阿姆斯特丹史基浦机场	荷兰政府把史基浦机场定位为"公共企业法人"，为使投资不追求短期回报，政府所占股份只获得较低的红利并用于机场再发展，同时机场不交纳企业所得税
大阪关西机场	日本大阪关西机场，政府投资接近 70%
首尔仁川机场	韩国政府对仁川机场的投资、营造市场竞争环境方面大力扶持
迪拜机场	阿联酋长期以来把商业航空作为经济发展和繁荣的重要支柱，在投资方面予以大力支持
新加坡樟宜机场	新加坡政府把航空业放在突出位置，投资填海修建樟宜机场；樟宜机场海关试行 7×24 小时高效运作，采取一站式通关流程，快递包裹在 1 小时之内完成装运或转运
香港机场	香港机场货邮吞吐量世界排名第 1，是全球重要客、货运枢纽，中转货物在机坪上 1 小时即完成全部处理过程
东京成田机场	东京成田机场海关为客户的各种货物提供报关等服务。在客运方面，实行为中转旅客在始发站一次办妥中转航班的登机牌等中转航班手续，在中转机场不提取托运行李直接到达目的地的通程航班政策。对国际航班中转旅客，在中转机场不再办理海关、边检查验手续，只需要进行安全检查。实行旅游签证、免签证、72 小时乃至 144 小时中转免签证或者落地签在内的签证便利化政策，以吸引旅客在中转机场中转或者在中转机场所在地旅游

航空枢纽建设是一个复杂的系统工程，需要政府具有前瞻性、战略性规划的引领，配套政策的支持；需要枢纽机场为基地航空公司实施枢纽化运营提供一系列的硬件和软件条件与便利，为旅客、货主等用户提供人性化、精细周到的服务；需要基地航空公司完善航线网络，建设中枢辐射式航线网络和符合市场需求的航班波，提高安全、正常、服务水平；更需要政府、机场、航空公司等

整体联动、相向而行，各自发挥不同的效能，才能实现建设航空枢纽的愿景。

综上，由国际航空枢纽竞争力形成机制可知，国际航空枢纽在参与市场经营活动中竞争优势地位的取得，是资源、能力及环境共同作用的结果，国际航空枢纽运行特征及关键要素，其核心内容也集中表现在这三个方面。在"地理区位与运输流向"特征中，国际航空枢纽所在地理区位是典型的外部环境因素，其一旦确定就不可改变，并将影响航空枢纽的运输流向。国际航空枢纽航空网络的建设，需要与其地理区位特征相适应，顺势而为，才能获得特定竞争优势。在"发挥航空枢纽不同合作者效能"特征中，政府政策条件也是外部环境因素之一，但航空枢纽可以通过自身努力去影响政策因素的支持、改善；同时与航空公司的合作，也体现在战略协同能力等方面。国际航空枢纽"高效的交通接驳效率"特征，需要以基础设施资源为基础完成流程设计、产品设计等工作。在"协同的国内国际市场"与"大容量骨干运输通道"特征中，更是需要航空枢纽加强在市场营销、航线开辟以及航权资源获取等方面的能力建设。同时，国际航空枢纽的国内、国际市场结构和骨干运输通道，也受到外部区位、政治经济及政策等方面环境影响。

因此，国际航空枢纽竞争力评价指标体系设计工作的开展，既需要以航空枢纽竞争力形成机制为依据，也要紧密结合国际航空枢纽的运行特征，进行指标的设计、选取，以提高研究成果的应用价值及对实践工作的指导意义。

第三章
国际航空枢纽竞争力评价指标体系

科学的评估指标体系设置是国际航空枢纽竞争力评估的基础。本章首先提出竞争力评价指标的设置原则，其次依据国际航空枢纽竞争力形成机制和国际航空枢纽竞争力内涵，结合国际航空枢纽运行特点及关键因素，从国际航空枢纽运输规模、网络通达性、网络中转衔接效率、运行效率及服务、财务品质等五大方面设置评估指标体系，并对各级指标内涵、计算方法、数据来源进行阐述。

第一节　指标体系概述

一、指标体系设计原则

为了保证国际航空枢纽竞争力评价结果的科学性、准确性、实用性，在建立国际航空竞争力评价体系时，应遵循以下原则。

（一）科学性原则

科学性原则体现在对国际航空枢纽竞争力概念认识的正确性、评价指标体系设计的完备性、数学模型与方法的逻辑严密性，以及参量因素分析的准确性等方面。即选择的指标必须符合国际航空枢纽竞争力理论研究成果，能够准确地反映航空枢纽竞争力的实际情况；并且指标体系设计在名称、含义、内容、时空和计算范围、计量单位和计算方法等方面必须科学明确，没有歧义，以减少指标数据收集和统计工作中登记性误差。

（二）可操作性原则

可操作性原则是指所设置的国际航空枢纽竞争力评价指标应该是便于取得准确数据，便于评价的。本书在贯彻这一原则时主要把握了三点：一是指标设置少而精，抓住集中反映国际航空枢纽竞争力水平与成因的关键指标；二是所选择的指标是可以收集到真实数据或情况的；三是尽可能从国家或者行业的统计指标中进行选择，这些指标既有严格的定义和计算公式，又有规范的统计途径，可以提高国际航空枢纽竞争力评价数据收集的准确性。

（三）定性与定量相结合原则

任何事物都是数量与质量的统一体。国际航空枢纽竞争力水平及其影响因素，也都既有质的规定性，又有量的表现。设置国际航空枢纽竞争力评价指标时，遵循定性与定量相结合的原则，以定量分析指标为主，辅以适当的定性分析指标。对于定量指标，既要明确其计算方法，也要明确其概念；对于定性指标，不仅要明确其含义，而且要明确对其赋值的标准，使之能够恰如其分地反映指标的性质。

（四）可比性原则

国际航空枢纽竞争力评价的实质就是比较，因此评价指标必须具有可比性。可比性原则有两个含义，一是评价指标应该在不同的时间或空间范围上具有可比性。那些在较长时期内变化不大的指标，或者在不同国际航空枢纽之间差别不大的指标，不列入评价指标体系；二是在不同地区国际航空枢纽之间进行比较时，评价指标体系在口径、范围等方面应具有可比性。

二、评价指标体系确定

根据前文对于国际航空枢纽竞争力形成机制及内涵的分析，结合国际航空枢纽运行特点，并借鉴国内外已有研究成果，从"国际航空枢纽运输规模""国际航空枢纽网络通达性""国际航空枢纽网络中转衔接效率""国际航空枢纽运行效率及服务""国际航空枢纽财务品质"5个方面设置国际航空枢纽机场竞争力评价指标体系，指标体系共包括：5个一级指标，15个二级指标，38个三级指标。国际航空枢纽竞争力各级具体指标如表3-1所示。

表 3-1　国际航空枢纽竞争力评价指标体系

一 级 指 标	二 级 指 标	三 级 指 标
国际航空枢纽运输规模	旅客运输规模与结构	国际旅客吞吐量
		国内旅客吞吐量
		中转旅客占比
	货邮运输规模与结构	国际货邮吞吐量
		国内货邮吞吐量
国际航空枢纽网络通达性	国内网络通达性	国内市场出港座位数
		国内通航点数量
	国际网络通达性	国际市场出港座位数
		国际通航点数量
	核心航点强度	日航班频次超过10的国内航点总出港运力
		日航班频次超过3的国际航点总出港运力
	综合交通网络	铁路的连接
		公路的连接
		城市轨道交通的连接
国际航空枢纽网络中转衔接效率	国际可能衔接航班座规模	3小时以内国际转国内可能衔接机会
		3小时以内国内转国际可能衔接机会
		5小时以内国际转国际可能衔接机会
	航班最短衔接时间	国内转国内MCT
		国际转国内MCT
		国内转国际MCT
		国际转国际MCT
	枢纽综合交通接驳效率	铁路接驳效率
		公路接驳效率
		城市轨道交通接驳效率

续表

一级指标	二级指标	三级指标
国际航空枢纽 运行效率及服务	设施设备生产率	单位航站楼面积旅客吞吐量
		单位跑道起降架次
	运行效率	航班正常率
		航班执行率
	运营航空公司情况	首位航空公司市场份额
		运营航空公司数量
国际航空枢纽 财务品质	运营收入情况	总收入
		非航收入
		非航收入占比
		人均旅客非航收入贡献
	盈利能力	利润总额
		净资产收益率
	偿债能力	资产负债率
		流动比率

第二节 国际航空枢纽运输规模

"国际航空枢纽运输规模"是国际航空枢纽服务经济社会的产出指标，也是国际航空枢纽竞争力在市场上最直观的表现，能够反映航空枢纽利用内外部资源整合后的产出能力。该指标下设"旅客运输规模与结构"和"货邮运输规模与结构"两个二级指标，指标结构如图 3-1 所示。"旅客运输规模与结构"二级指标下设"国际旅客吞吐量""国内旅客吞吐量""中转旅客占比"3 个三级指标；在"货邮运输规模与结构"二级指标下设"国际货邮吞吐量""国内货邮吞吐量"2 个三级指标。

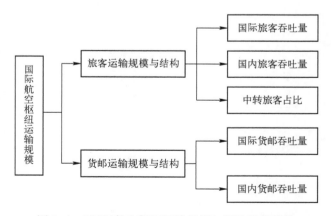

图 3-1 "国际航空枢纽运输规模"评价指标结构

二级指标和三级指标的具体定义及计算方法如下。其中，z_i 为三级指标标准化之后的指标值，i 为各三级指标；Z_j 为二级指标的评估值，j 为各二级指标。

一、旅客运输规模与结构

指标定义：综合反映国际航空枢纽国内、国际旅客运输规模，以及中转旅客占比等方面的情况。

指标计算："旅客运输规模与结构"下设"国际旅客吞吐量""国内旅客吞吐量""中转旅客占比" 3 个三级指标，其综合评估值计算公式如下：

$$Z_{旅客运输规模与结构} = \frac{1}{3} \times \left(z_{国内旅客吞吐量} + z_{国际旅客吞吐量} + z_{中转旅客占比} \right)$$

（一）国际旅客吞吐量

指标定义：指年度在国际航空枢纽进、出港的国际旅客数量，反映国际航空枢纽的国际旅客运输服务产出能力。

数据来源：机场官网、上市公司年报。

（二）国内旅客吞吐量

指标定义：指年度在国际航空枢纽进、出港的国内旅客数量，反映国际航空枢纽的国内旅客运输服务产出能力。

数据来源：机场官网、上市公司年报。

（三）中转旅客占比

指标定义：指国际航空枢纽中转旅客规模占全部运输旅客规模的比值情况，反映国际航空枢纽航线网络通达及中转衔接能力。

数据来源：机场官网、上市公司年报、根据 IATA 数据库中旅客类型计算获得。

二、货邮运输规模与结构

指标定义：综合反映国际航空枢纽国内、国际货邮吞吐量总规模及占比情况，反映国际航空枢纽的货邮运输服务产出综合能力。

指标计算："货邮运输规模与结构"包括"国际货邮吞吐量""国内货邮吞吐量" 2 个三级指标，其综合评估值计算公式如下：

$$Z_{货邮运输规模与结构} = \frac{1}{2} \times \left(z_{国内货邮吞吐量} + z_{国际货邮吞吐量} \right)$$

（一）国际货邮吞吐量

指标定义：指年度在国际航空枢纽进、出港的国际货邮重量，反映国际航空枢纽国际货邮运输服务的产出能力。

数据来源：机场官网、上市公司年报。

（二）国内货邮吞吐量

指标定义：指年度在国际航空枢纽进、出港的国内货邮重量，反映国际航空枢纽国内货邮运输服务的产出能力。

数据来源：机场官网、上市公司年报。

第三节　国际航空枢纽网络通达性

"国际航空枢纽网络通达性"指标综合反映国际航空枢纽航空网络及地面交通网络对运输需求的覆盖程度、网络强度及网络整体通达情况。该指标从"国内网络通达性""国际网络通达性""核心航点强度""综合交通网络"4个方面设置二级指标，指标结构如图3-2所示。从"国内市场出港座位数""国内通航点数量""国际市场出港座位数""国际通航点数量""日航班频次超过10的国内航点总出港运力""日航班频次超过3的国际航点总出港运力""铁路的连接""公路的连接"及"城市轨道交通的连接"等方面设置9个三级指标进行综合评价。

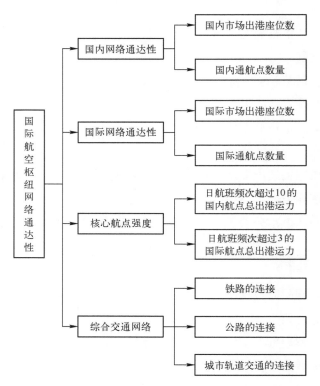

图3-2　"国际航空枢纽网络通达性"评价指标结构

二级指标和三级指标的具体定义及计算方法如下。其中，z_i为三级指标标准化之后的指标值，i为各三级指标；Z_j为二级指标的评估值，j为各二级指标。

一、国内网络通达性

指标定义：综合反映国际航空枢纽国内网络连通质量的指标，从国内网络覆盖范围及网络厚度两方面综合衡量。

指标计算："国内网络通达性"包括"国内市场出港座位数""国内通航点数量"2个三级指

标，其综合评估值计算公式如下：

$$Z_{国内网络通达性} = \frac{1}{2} \times \left(z_{国内市场出港座位数} + z_{国内通航点数量} \right)$$

（一）国内市场出港座位数

指标定义：指国际航空枢纽出港国内市场的座位数量总和，反映国际航空枢纽在本国市场的航线网络厚度。

数据来源：通过 OAG 等航班计划商业数据库计算获得。

（二）国内通航点数量

指标定义：指国际航空枢纽通达国内市场的航点总数量，反映国际航空枢纽对国内市场的网络覆盖能力。

数据来源：通过 OAG 等航班计划商业数据库计算获得。

二、国际网络通达性

指标定义：综合反映国际航空枢纽国际网络连通质量，从国际网络覆盖范围及网络厚度两方面综合衡量。

指标计算："国际网络通达性"包括"国际市场出港座位数""国际通航点数量"2 个三级指标，其综合评估值计算公式如下：

$$Z_{国际网络通达性} = \frac{1}{2} \times \left(z_{国际市场出港座位数} + z_{国际通航点数量} \right)$$

（一）国际市场出港座位数

指标定义：指国际航空枢纽出港国际市场的座位数量总和，反映国际航空枢纽在国际市场的航线网络厚度。

数据来源：通过 OAG 等航班计划商业数据库计算获得。

（二）国际通航点数量

指标定义：指国际航空枢纽通达国际市场的航点总数量，反映国际航空枢纽对国际市场的网络覆盖能力。

数据来源：通过 OAG 等航班计划商业数据库计算获得。

三、核心航点强度

指标定义：综合反映国际航空枢纽国际、国内骨干网络的强度，核心航点强度越高，航空枢纽网络通达能力越强。

指标计算："核心航点强度"包括"日航班频次超过 10 的国内航点总出港运力""日航班频次超过 3 的国际航点总出港运力"2 个三级指标，其综合评估值计算公式如下：

$$Z_{核心航点强度} = \frac{1}{2} \times \left(z_{日航班频次超过10的国内航点总出港运力} + z_{日航班频次超过3的国际航点总出港运力} \right)$$

（一）日航班频次超过 10 的国内航点总出港运力

指标定义：指国际航空枢纽日航班频次超过 10 的国内航点所能提供的出港座位运力之和，反映国际航空枢纽国内骨干网络强度。

数据来源：通过 OAG 等航班计划商业数据库计算获得。

（二）日航班频次超过 3 的国际航点总出港运力

指标定义：指国际航空枢纽日航班频次超过 3 的国际航点所能提供的出港座位运力之和，反映国际航空枢纽国际骨干网络强度。

数据来源：通过 OAG 等航班计划商业数据库计算获得。

四、综合交通网络

指标定义：指国际航空枢纽接驳其他地面交通方式的丰富程度及便捷性，反映国际航空枢纽地面交通便捷性。

指标计算："综合交通网络"包括"铁路的连接""公路的连接""城市轨道交通的连接"3 个三级指标，其综合评估值计算公式如下：

$$Z_{综合交通网络} = \frac{1}{3} \times \left(z_{铁路的连接} + z_{公路的连接} + z_{城市轨道交通的连接} \right)$$

（一）铁路的连接

指标定义：指国际航空枢纽与铁路衔接的情况，反映国际航空枢纽为旅客提供铁路出行的便捷程度。

数据来源：该指标采用计分法。为更好的衡量国际航空枢纽与铁路衔接能力，设定相应的判断标准对国际航空枢纽的铁路连接情况进行计分，判断标准详见表 3-2。

表 3-2　"铁路的连接"指标判断标准

判 断 标 准		对应分值	细 则
有无铁路接入①	有②	5	铁路直接接入航空枢纽。
机场与其最近高铁站、铁路站之间距离	≤10 千米	4	在机场未与铁路进行连接的情况下，枢纽机场与其最近高铁站、火车站的距离不超过 10 千米
	>10 千米，且≤20 千米	3	在机场未与铁路进行连接的情况下，枢纽机场与其最近铁路站的距离为大于 10 千米，小于等于 20 千米
	>20 千米，且≤30 千米	2	在机场未与铁路进行连接的情况下，枢纽机场与其最近铁路站的距离大于 20 千米，小于等于 30 千米
	>30 千米，且≤40 千米	1	在机场未与铁路进行连接的情况下，枢纽机场与其最近铁路站的距离大于 30 千米，小于等于 40 千米
	>40 千米上	0	在机场未与铁路进行连接的情况下，枢纽机场与其最近铁路站的距离超过 40 千米以上。

（二）公路的连接

指标定义：指国际航空枢纽与道路公共交通的连通、线路丰富情况，反映国际航空枢纽为旅客提供公路出行的便捷程度。

数据来源：该指标采用计分法，为更好地衡量国际航空枢纽与公路衔接能力，设定相应的判断标准对国际航空枢纽的公路连接情况进行计分。判断标准详见表 3-3。

---

① 接入的铁路类型包括城际列车/高速列车/快速列车等；此处的铁路接入是高铁穿过枢纽机场（实现物理连接）
② 若有铁路直接接入枢纽机场对应分值为 5 分，如无铁路接入才使用高铁站、火车站离枢纽机场距离进行对应分值

表 3-3　"公路的连接"指标判断标准

判断标准		对应分值
高速公路（1分）	高速公路条数大于1条	1.0
	有1条高速公路	0.5
	无高速公路	0.0
公交（2分）	10条以上	2.0
	2~10条	1.5
	1条	0.5
	无公交	0.0
机场巴士（2分）	大于10条线路	2.0
	5<线路条数≤10	1.5
	1≤线路条数≤5	1.0
	无机场巴士	0.0

（三）城市轨道交通的连接

指标定义：指国际航空枢纽与城市轨道交通的衔接程度，反映国际航空枢纽为旅客提供轨道交通出行的便捷程度。

数据来源：该指标采用计分法，为更好地衡量国际航空枢纽与轨道交通衔接能力，设定相应的判断标准对国际航空枢纽的城市轨道连接情况进行计分。判断标准详见表3-4。

表 3-4　"城市轨道交通的连接"指标判断标准

判断标准		对应分值
有无轨道交通连接（4分）	轨道线路数有3条或3条以上	4
	有2条轨道线路	3
	有至少1条轨道线路	2
	无轨道交通连接	0
枢纽机场航站楼之间有无轨道捷运系统（1分）	有（单体航站楼视为有）	1
	无	0

第四节　国际航空枢纽网络中转衔接效率

"国际航空枢纽网络中转衔接效率"对提升旅客便捷出行体验，提高国际航空枢纽集散功能等方面的具有重要作用。该一级指标下设"国际可能衔接航班座规模""航班最短衔接时间""枢纽综合交通接驳效率"3个二级指标，指标结构如图3-3所示。"国际可能衔接航班座规模"二级指标下设"3小时以内国际转国内可能衔接机会""3小时以内国内转国际可能衔接机会""5小时以内国际转国际可能衔接机会"等3个三级指标；"航班最短衔接时间"二级指标下设

"国内转国内 MCT""国际转国内 MCT""国内转国际 MCT""国际转国际 MCT" 4 个三级指标；"枢纽综合交通接驳效率"二级指标下设"铁路接驳效率""公路接驳效率""城市轨道交通接驳效率" 3 个三级指标。

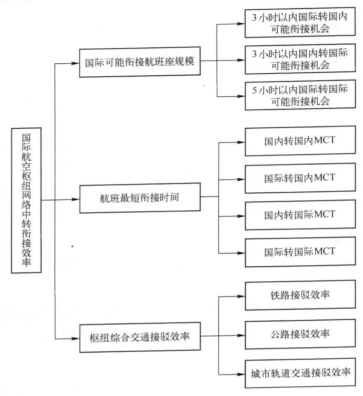

图 3-3 "国际航空枢纽网络中转衔接效率"评价指标结构

二级指标和三级指标的具体定义及计算方法如下。其中，z_i 为三级指标标准化之后的指标值，i 为各三级指标；Z_j 为二级指标的评估值，j 为各二级指标。

一、国际可能衔接航班座规模

指标定义：指国际航空枢纽能提供的国际方向可衔接航班座位数的规模，反映国际航空枢纽国际市场的网络衔接能力。

指标计算："国际可能衔接航班座规模"包括"3 小时以内国际转国内可能衔接机会""3 小时以内国内转国际可能衔接机会""5 小时以内国际转国际可能衔接机会" 3 个三级指标，其综合评估值计算公式如下：

$$Z_{\text{国际可能衔接航班座规模}} = \frac{1}{3} \times \left(z_{\text{3小时以内国际转国内可能衔接机会}} + z_{\text{3小时以内国内转国际可能衔接机会}} + z_{\text{5小时以内国际转国际可能衔接机会}} \right)$$

（一）3 小时以内国际转国内可能衔接机会

指标定义：指国际航空枢纽 3 小时以内国际转国内可能航班衔接总座位规模，反映国际航空枢纽为旅客提供的国际转国内网络衔接能力及服务能力。

数据来源：通过 OAG 等航班计划商业数据库计算获得。

（二）3 小时以内国内转国际可能衔接机会

指标定义：指国际航空枢纽 3 小时以内国内转国际可能的航班衔接总座位规模，反映国际航空枢纽为旅客提供的国内转国际网络衔接能力及服务能力。

数据来源：通过 OAG 等航班计划商业数据库计算获得。

（三）5 小时以内国际转国际可能衔接机会

指标定义：指国际航空枢纽 5 小时以内国际转国际可能的航班衔接总座位规模，反映国际航空枢纽为旅客提供的国际转国际网络衔接能力及服务能力。

数据来源：通过 OAG 等航班计划商业数据库计算获得。

二、航班最短衔接时间

指标定义：反映国际航空枢纽航班衔接效率，体现了航空枢纽对中转旅客服务满足状况，以及与航空公司的配合能力。

指标计算：二级指标"航班最短衔接时间"包括"国内转国内 MCT""国际转国内 MCT""国内转国际 MCT""国际转国际 MCT" 4 个三级指标。由于在评估工作中，需要对 4 个三级指标进行处理才能获得二级指标值，在本书中，该项指标处理方式与其他指标一样，采用平均值处理方式得到二级指标值。其综合评估值计算公式如下：

$$Z_{航班最短衔接时间} = \frac{1}{4} \times \left(z_{国内转国内MCT} + z_{国际转国内MCT} + z_{国内转国际MCT} + z_{国际转国际MCT} \right)$$

（一）国内转国内 MCT

指标定义：指国际航空枢纽国内与国内航班中转最短衔接时间，反映国际航空枢纽对国内航班与国内航班的中转服务能力与水平。

数据来源：通过 OAG 等航班计划商业数据库计算获得。

（二）国际转国内 MCT

指标定义：指国际航空枢纽国际与国内航班中转最短衔接时间，反映国际航空枢纽对国际航班与国内航班的中转服务能力与水平。

数据来源：通过 OAG 等航班计划商业数据库计算获得。

（三）国内转国际 MCT

指标定义：指枢纽机场国内与国际航班中转最短衔接时间，反映国际航空枢纽对国内航班与国际航班的中转服务能力与水平。

数据来源：通过 OAG 等航班计划商业数据库计算获得。

（四）国际转国际 MCT

指标定义：指国际航空枢纽国际与国际航班中转最短衔接时间，反映国际航空枢纽对国际航班与国际航班的中转服务能力与水平。

数据来源：通过 OAG 等航班计划商业数据库计算获得。

三、枢纽综合交通接驳效率

指标定义：指与国际航空枢纽连接的交通运输方式平均换乘时间，反映旅客在国际航空枢纽的综合交通换乘效率情况。

指标计算："枢纽综合交通接驳效率"包括"铁路接驳效率""公路接驳效率""城市轨道交通接驳效率"等 3 个三级指标，其综合评估值计算公式如下：

$$Z_{枢纽综合交通接驳效率} = \frac{1}{3} \times (z_{铁路接驳效率} + z_{公路接驳效率} + z_{城市轨道交通接驳效率})$$

（一）铁路接驳效率

指标定义：指国际航空枢纽与铁路站点之间的平均换乘时间，反映旅客选择铁路通达国际航空枢纽的效率以及国际航空枢纽通过铁路对旅客的集散能力。

数据来源：考虑到参评对象的数据可获得性，该指标用铁路到航站楼的换乘时间表征设定相应的判断标准对国际航空枢纽的铁路接驳效率进行打分，判断标准详见表 3-5。

表 3-5 "铁路接驳效率"指标判断标准

判 断 标 准	对 应 分 值
机场内有铁路线路穿过，机场内平均换乘时间≤15 分钟	5
机场内有铁路线路穿过，15 分钟<机场内平均换乘时间≤30 分钟	4
机场内无铁路线路穿过，但可以通过其他连接方式 15 分钟内到达铁路站点	3
机场内无铁路线路穿过，但可以通过其他连接方式 15~30 分钟内到达铁路站点	2
机场有铁路连接，但换乘时间超过 30 分钟；机场无铁路，但可以通过其他连接方式 30~60 分钟内到达铁路站点	1
机场无铁路线路线路穿过，但通过其他连接方式 1 小时以上时间才能到达铁路站点	0

（二）公路接驳效率

指标定义：指国际航空枢纽与市政公交或机场巴士之间的平均换乘时间，反映旅客选择公路方式进出国际航空枢纽的效率以及国际航空枢纽通过道路公共交通对旅客的集散效率。

数据来源：考虑到参评对象的数据可获得性，该项指标对公交线路运行时间、发车频次、机场巴士发车频次及运行时间设定打分标准，不同的标准对应不同分值，判断标准详见表 3-6。根据参评国际航空枢纽对应标准的实际情况，通过打分获得该项指标值。

表 3-6 "公路接驳效率"指标判断标准

对 应 项 目	判 断 标 准	分 值
公交效率（2分）	18≤公交运营时间<24 小时，且发车频次≤20 分钟	2
	18≤公交运营时间<24 小时，且发车频次在 20~30 分钟	1.5
	公交运营时间在 12 小时≤运营时间<18 小时，且发车频次≤20 分钟	
	18≤公交运营时间<24 小时，且发车频次在 30~60 分钟	1
	公交运营时间在 12 小时≤运营时间<18 小时，且发车频次在 20~30 分钟	
	公交运营时间<12 小时，但发车频次≤20 分钟	
	18≤公交运营时间<24 小时，且发车频次超过 1 小时	0.5
	公交运营时间在 12 小时≤运营时间<18 小时，且发车频次在 30~60 分钟	
	公交运营时间<12 小时，且发车频次 20~30 分钟	
	无公交	0

续表

对 应 项 目	判 断 标 准	分 值
机场巴士效率（2分）	机场大巴运营时间≥18小时，且发车频次≤0.5小时	2
	机场大巴运营时间≥18小时，且0.5小时<发车频次≤1小时	1.5
	12小时≤机场大巴运营时间<18小时，且发车频次≤0.5小时	
	机场大巴运营时间≥18小时，且发车频次>1小时	1
	12小时≤机场大巴运营时间<18小时，且0.5小时<发车频次≤1小时	
	机场大巴运营时间<12小时，且发车频次≤0.5小时	
	12小时≤机场大巴运营时间<18小时，且发车频次>1小时	0.5
	机场大巴运营时间<12小时，且0.5小时<发车频次≤1小时	
	无机场大巴	0
附加分（1分）	有24小时运营的公交	0.5
	有24小时运营的机场大巴	0.5

（三）城市轨道交通接驳效率

指标定义：指国际航空枢纽与城市轨道交通之间的平均换乘时间，反映旅客选择城市轨道交通进出国际航空枢纽的效率以及国际航空枢纽通过城市轨道交通对旅客的集散效率。

数据来源：考虑到参评对象的数据可获得性，该项指标对城市轨道交通接入情况、运营时长、发车频次设定打分标准，不同的标准对应不同分值，判断标准详见表3-7。根据参评国际航空枢纽对应标准的实际情况，通过打分获得该项指标值。

表 3-7 "城市轨道交通接驳效率"指标判断标准

判 断 标 准	分 值
有轨道交通接入，一天市区地铁/轻轨运营时间在18~24小时，发车频次≤10分钟	5
有轨道交通接入，一天地铁/轻轨运营时间在18~24小时，10分钟<发车频次≤20分钟； 有轨道交通接入，12≤一天地铁/轻轨运营时间<18小时，发车频次≤10分钟	4
有轨道交通接入，一天地铁/轻轨运营时间在18~24小时，发车频次>20分钟； 有轨道交通接入，12≤一天地铁/轻轨运营时间<18小时，10分钟<发车频次≤20分钟； 有轨道交通接入，一天市区地铁/轻轨运营时间<12小时，发车频次≤10分钟； 无轨道交通接入，但距离最近的轨道交通站点换乘时间在10分钟以内	3
有轨道交通接入，12≤一天地铁/轻轨运营时间<18小时，发车频次>20分钟； 有轨道交通接入，一天市区地铁/轻轨运营时间<12小时，10分钟<发车频次≤20分钟； 无轨道交通接入，但距离最近的轨道交通站点换乘时间在10~30分钟以内	2
有轨道交通接入，一天市区地铁/轻轨运营时间<12小时，发车频次>20分钟； 无轨道交通接入，但距离最近的轨道交通站点换乘时间在30~60分钟以内	1
无轨道交通接入，且距离最近的城市轨道站点交通换乘时间大于1小时	0

第五节　国际航空枢纽运行效率及服务

"国际航空枢纽运行效率及服务"是体现国际航空枢纽航空保障能力强度的指标，反映了国际

全球主要国际航空枢纽竞争力评价研究

航空枢纽的可靠性。该指标主要从"设施设备生产率""运行效率""运营航空公司情况"3个方面设置二级指标，指标结构如图3-4所示。从"单位航站楼面积旅客吞吐量""单位跑道起降架次""航班正常率""航班执行率""首位航空公司市场份额""运营航空公司数量"6个方面设置三级指标进行综合评价。

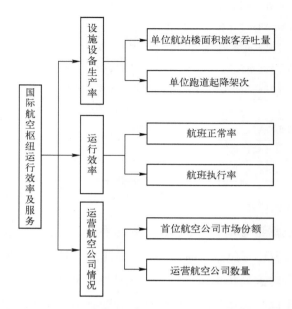

图3-4 "国际航空枢纽运行效率及服务"评价指标结构

二级指标和三级指标的具体定义及计算方法如下。其中，z_i为三级指标标准化之后的指标值，i为各三级指标；Z_j为二级指标的评估值，j为各二级指标。

一、设施设备生产率

指标定义：综合反映国际航空枢纽设施资源的保障能力及使用效率。

指标计算："设施设备生产率"包括"单位航站楼面积旅客吞吐量""单位跑道起降架次"2个三级指标，其综合评估值计算公式如下：

$$Z_{设施设备生产率} = \frac{1}{2} \times (z_{单位航站楼面积旅客吞吐量} + z_{单位跑道起降架次})$$

（一）单位航站楼面积旅客吞吐量

指标定义：指国际航空枢纽年度平均单位面积航站楼完成的旅客吞吐量，反映国际航空枢纽基础设施使用效率。

数据来源：机场官网、上市公司年报。

（二）单位跑道起降架次

指标定义：指国际航空枢纽年度平均单位跑道完成的航班起降架次，反映国际航空枢纽跑道的使用效率。

数据来源：机场官网、上市公司年报。

二、运行效率

指标定义：反映国际航空枢纽对航班保障能力综合情况。运行效率越高，表明国际航空枢纽运行越可靠，越易受到旅客青睐，竞争能力越强。

指标计算："运行效率"包括"航班正常率""航班执行率"2个三级指标，其综合评估值计算公式如下：

$$Z_{运行效率} = \frac{1}{2} \times (z_{航班正常率} + z_{航班执行率})$$

（一）航班正常率

指标定义：指国际航空枢纽航班实际出发、抵达时间与计划出发、抵达时间较为一致的航班数量（即正常航班）与全部航班数量的比率，反映国际航空枢纽为航空公司和旅客提供正常航班服务的能力。

数据来源：机场官网、航班管家等运行数据提供商。

（二）航班执行率

指标定义：指国际航空枢纽年度实际执行航班数量与计划航班数量的比值，反映国际航空枢纽对航班运行的综合协调能力，以及航班时刻的使用效率情况。

数据来源：机场官网、航班管家等运行数据提供商。

三、运营航空公司情况

指标定义：综合反映航空公司对国际航空枢纽发展的支撑程度。

指标计算："运营航空公司情况"包括"首位航空公司市场份额""运营航空公司数量"2个三级指标，其综合评估值计算公式如下：

$$Z_{运营航空公司情况} = \frac{1}{2} \times (z_{首位航空公司市场份额} + z_{运营航空公司数量})$$

（一）首位航空公司市场份额

指标定义：指在国际航空枢纽运营的运力投入规模最大的航空公司占航空枢纽全部运力的份额，反映规模最大的航空公司对航空枢纽建设的支持程度。

数据来源：通过 OAG 等航班计划商业数据库计算获得。

（二）运营航空公司数量

指标定义：指在国际航空枢纽运营的所有航空公司数量之和，反映国际航空枢纽运力结构及航空公司运营丰富度情况。

数据来源：通过 OAG 等航班计划商业数据库计算获得。

第六节　国际航空枢纽财务品质

"国际航空枢纽财务品质"是国际航空枢纽竞争力在财务管理、财务产出方面竞争能力的表现。

该指标主要从"营运收入情况""盈利能力""偿债能力"3个方面设置二级指标，其结构如图3-5所示。从"总收入""非航收入""非航收入占比""人均旅客非航收入贡献""利润总额""净资产收益率""资产负债率""流动比率"8个方面设置三级指标进行综合评价。

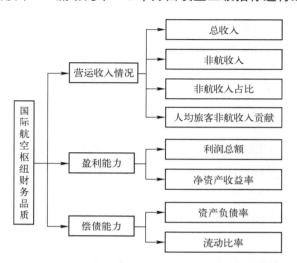

图3-5 "国际航空枢纽财务品质"评价指标结构

二级指标和三级指标的具体定义及计算方法如下。其中，z_i为三级指标标准化之后的指标值，i为各三级指标；Z_j为二级指标的评估值，j为各二级指标。

一、营运收入情况

指标定义：反映国际航空枢纽在进行财务经营活动当中的总体收入水平情况。

指标计算："营运收入情况"包括"总收入""非航收入""非航收入占比""人均旅客非航收入贡献"4个三级指标，其综合评估值计算公式如下：

$$Z_{营运收入情况}=\frac{1}{4}\times(z_{总收入}+z_{非航收入}+z_{非航收入占比}+z_{人均旅客非航收入贡献})$$

（一）总收入

指标定义：指国际航空枢纽在从事航空性业务、非航业务等经营业务过程中所形成的经济利益的总收入。营业收入作为国际航空枢纽持续经营的主要支撑来源，是客户对国际航空枢纽经营活动承认的最终结果，能够有效反映国际航空枢纽经营成果。

数据来源：机场财务报告、上市公司年报。

（二）非航收入

指标定义：指在国际航空枢纽的经营范围内，通过提供停车场、行李托运、VIP服务、商铺租赁、地面服务、广告、免税、旅游等非航空性业务获得的收入。

数据来源：机场财务报告、上市公司年报。

（三）非航收入占比

指标定义：指非航业务收入在国际航空枢纽营业收入中的比重，反映非航业务的总体价值贡献程度。

数据来源：机场财务报告、上市公司年报。

（四）人均旅客非航收入贡献

指标定义：指平均每单位旅客对国际航空枢纽非航业务贡献情况，反映国际航空枢纽服务区域单位旅客的非航经济价值情况。

数据来源：机场财务报告、上市公司年报。

二、盈利能力

指标定义：指国际航空枢纽在一定时期内收益数额的多少及其水平的高低，综合反映国际航空枢纽获取利润的能力。

指标计算："盈利能力"包括"利润总额""净资产收益率"2个三级指标，其综合评估值计算公式如下：

$$Z_{盈利能力} = \frac{1}{2} \times \left(z_{利润总额} + z_{净资产收益率} \right)$$

（一）利润总额

指标定义：指国际航空枢纽在一定时期内通过生产经营活动所实现的最终财务成果。该指标是投资者、债权人、供应商、管理者、政府、员工等利益相关者做出决策的重要依据。

数据来源：机场财务报告、上市公司年报。

（二）净资产收益率

指标定义：指公司税后利润与净资产的比值，衡量公司运用自有资本的效率，指标值越高，投资带来收益越高，反映国际航空枢纽盈利的真实绩效。可以通过不断提高税后利润，提高销售收入，加强内部管理，降低产品成本和期间费用，提高销售利润率，充分利用财务杠杆的作用，提升净资产收益率，提高国际航空枢纽整体销售水平与经营能力。

数据来源：机场财务报告、上市公司年报。

三、偿债能力

指标定义：指国际航空枢纽用其资产偿还长期债务与短期债务的能力。有无偿还债务能力，是国际航空枢纽能否健康生存和发展的关键。偿债能力是反映国际航空枢纽财务状况和经营能力的重要标志。

指标计算："偿债能力"包括"资产负债率""流动比率"2个三级指标，其综合评估值计算公式如下：

$$Z_{偿债能力} = \frac{1}{2} \times \left(z_{资产负债率} + z_{流动比率} \right)$$

（一）资产负债率

指标定义：指国际航空枢纽负债总额与资产总额的比值。用来表明在国际航空枢纽的全部资产中债权人投入资金的比重，反映资产对负债的保障程度，是判断国际航空枢纽资本结构是否合理的主要指标。

数据来源：机场财务报告、上市公司年报。

（二）流动比率

指标定义：指流动资产总额和流动负债总额之比，用来衡量国际航空枢纽流动资产在短期债务到期以前，可以变为现金用于偿还负债的能力。流动比率越高，说明国际航空枢纽资产的变现能力越强，短期偿债能力亦越强，反之则弱。

数据来源：机场财务报告、上市公司年报。

至此，本书建立了包含 5 个一级指标 15 个二级指标 38 个三级指标的国际航空枢纽竞争力评价指标体系。在确定指标体系的基础上，后续选取国际航空枢纽竞争力参评对象、指标处理方法及综合评价方法，并进行实证研究。

第四章
国际航空枢纽竞争力评价方法
及评价对象

科学的评价流程及思路确定、评价方法选择，以及评价对象的选取，对我国国际航空枢纽在全球中处于何种水平的判定及优势、短板的识别，起到核心关键作用。本章在确定评价流程及方法基础上，给出参评对象选取原则，并最终选取覆盖东南亚、东北亚、欧洲、北美等不同区域的 15 个国际航空枢纽参评。

第一节 评价流程与方法

一、评价流程

全球国际航空枢纽竞争力评价工作流程如图 4-1 所示。首先，本书在国内外相关理论文献综述、梳理的基础上，建立国际航空枢纽竞争力形成机制理论模型，并总结国际航空枢纽运行特征及发展关键要素。其次，从国际航空枢纽运输规模、网络通达性、中转衔接效率、运行效率及服务、财务品质等 5 个方面确定国际航空枢纽竞争力评价指标体系。再次，根据可比性、科学性、可操作性等原则，确定单项指标处理方法及综合评价方法。同时，依据规模相当、具有一定竞争

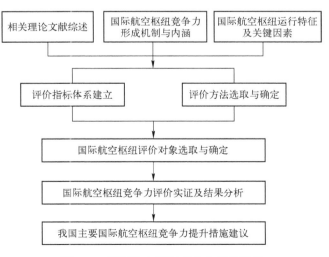

图 4-1 国际航空枢纽竞争力评价流程

性、行业特色突出、具备国际影响力等原则，确定全球 15 个主要国际航空枢纽作为参评对象，并对 38 个底层指标数据进行收集，进行全球主要国际航空枢纽竞争力的实证研究。最后，依据各级评价指标评价结果，寻找我国主要国际航空枢纽的优势指标及短板指标，并提出相应的竞争力提升建议。

二、评价方法

（一）指标原始数据处理方法

1. 指标值购买力平价处理方法

由于不同国家和地区的货币币值不同及货币的购买力水平不同，需要对货币指标数据进行处理，使之能在同样的标准下进行比较。为此，在对国际航空枢纽竞争力进行评价之前，需要对价值量指标采用购买力平价法进行处理。购买力平价法也称 PPP 法，是在购买力平价理论（the theory of purchasing power parity，简称 PPP 理论）基础上形成的一种换算不同国家之间的经济指标的方法。购买力平价理论是西方汇率理论中较有影响力的理论之一。汇率是由两国货币的购买力所决定的，一国货币的购买力又是由其国内的价格水平所决定的。购买力平价理论为换算不同国家之间的经济指标提供了一个较好的工具。以购买力平价为基础的汇率来换算不同国家的航空枢纽收入、资产等价值量指标，可以避免按国际市场的实际汇率换算所产生的对收入、资产水平的歪曲。本书运用该方法对不同国家国际航空枢纽的经济价值类指标进行换算、处理，以保障不同国家间相应指标的可比性。

2. 指标数据标准化方法

考虑指标原始数据量纲不同，无法进行比较，因此需要对指标原始数据进行标准化处理。本书采取 min-max 标准化方法对指标原始值进行线性变换，使结果值映射到 [0，1]，其公式为：

$$z(X_n^m) \begin{cases} 0 & X_n^m < X_{min}^m \\ \dfrac{X_n^m - X_{min}^m}{X_{max}^m - X_{min}^m} & X_{min}^m < X_n^m > X_{max}^m \\ 1 & X_n^m < X_{max}^m \end{cases} \quad (4-1)$$

其中，$z(X_n^m)$ 为指标体系中第 m 个指标第 n 个指标值处理后的数值；X_n^m 为指标体系中第 m 个指标第 n 个原始指标值；X_{min}^m 为指标体系中第 m 个指标的最小允许取值；X_{max}^m 为指标体系中第 m 个指标的最大可能取值。

但考虑到在设计的指标体系中，并不是所有指标值都是越高越好，资产负债率等方面的指标为逆向指标，指标数值越小越好；并且指标体系中也存在适度指标（越趋近于最佳值越好），如中转旅客占比、首位航空公司市场份额取适度指标。需要对以上三类不同性质的指标采取不同的处理方法，才能得到指标的最终值。

正向指标：以公式（4-1）计算即可。

负向指标：也采用 min-max 标准化方法，以公式（4-2）计算即可。

$$
z\left(X_n^m\right)\begin{cases}0 & X_n^m < X_{\min}^m \\ \dfrac{X_{\max}^m - X_n^m}{X_{\max}^m - X_{\min}^m} & X_{\min}^m < X_n^m < X_{\max}^m \\ 1 & X_n^m > X_{\max}^m\end{cases} \tag{4-2}
$$

适度指标：将适度指标的最优取值记为 opt，以公式（4-3）计算即可。

$$
z\left(X_n^m\right)\begin{cases}0 & X_n^m < X_{\min}^m \\ \dfrac{\max\left(\left|X_n^m - \mathrm{opt}\right|\right) - \left|X_n^m - \mathrm{opt}\right|}{\max\left(\left|X_n^m - \mathrm{opt}\right|\right) - \min\left(\left|X_n^m - \mathrm{opt}\right|\right)} & X_{\min}^m < X_n^m < X_{\max}^m \\ 1 & X_n^m > X_{\max}^m\end{cases} \tag{4-3}
$$

（二）综合评价方法

在综合评价过程中权重的设置上，采用等权重的处理方式，即认为不同指标的重要程度相等。在综合评价方法选择上，为了提高本套评价指标及方法在实际工作中的复刻性，采用线性加和平均的综合评价方法，并按照最终结果进行排序。

第二节　国际航空枢纽选取原则

本书主要是对全球主要航空枢纽竞争力进行评价，在评价对象选取时需要遵循规模相当、具有较强国际影响力、具有一定竞争性及兼具典型行业特色等原则。

一、规模相当

中国的参评枢纽选择北京首都机场、上海浦东机场、广州白云机场，以及香港机场。2019 年，北京首都机场旅客吞吐量 10 001 万人次，上海浦东机场 7 615 万人次，广州白云机场 7 337 万人次，这三大航空枢纽均排名世界前 20 位。在选取评价枢纽时，遵循规模相当原则，优先考虑选取与我国参评枢纽组织规模、航空市场运输规模相当的国际航空枢纽参评。

二、国际影响力

国际航空枢纽是一个国家或地区对外开放的窗口，是区域经济参与国际分工、合作与竞争的重要依托，也是壮大本国航空运输业的重要支撑。全球各航空枢纽的排名也在动态变化。在选取参评对象时，选取具有一定国际影响力的航空枢纽，主要依据航空枢纽获取的国际奖项、国际航点占比、国际市场份额等指标。

三、具有竞争性

国际航空枢纽的地理区位决定了其优势运输市场流向，具有接近地理区位的航空枢纽，将对所覆盖的运输市场形成竞争、争夺的态势。例如在东北亚地区，我国的上海浦东机场、日本东京成田机场及韩国首尔仁川机场，所处地理区位近似，在东北亚面向北美地区市场上形成竞争。因此确定参评对象时，考虑在某一区域市场与我国某航空枢纽形成一定竞争，以此更好分析我国航空枢纽的优势、短板，提高评价结果对我国国际航空枢纽的借鉴意义。

四、行业特色

结合中国民用航空局提出的"平安机场、绿色机场、智慧机场、人文机场"四型机场建设要求，在选取参评枢纽时，选择在四型机场建设方面有显著参考价值的枢纽。例如，首尔仁川机场利用新技术提供快速通关服务，只需 15 秒就可完成自动出入境审查；新加坡樟宜机场凭借"独特周到的服务"在 2013—2019 年连续七年获得 Skytrax "全球最佳机场"奖项，等等。

第三节　国际航空枢纽分析与确定

根据评价对象选取原则，确定了 15 个国际航空枢纽作为评价对象，各国际航空枢纽情况具体介绍如下。

一、国内参评国际航空枢纽

国内参评国际航空枢纽确定为北京首都机场、上海浦东机场、广州白云机场和香港机场。北京首都机场、上海浦东机场和广州白云机场为我国三大复合国际航空枢纽，无论在国际、国内市场维度，还是客运、货运等不同方面，都发挥着航空网络中核心骨干节点的重要作用。

如图 4-2 所示，2019 年北京首都机场年旅客吞吐量为 10 001 万人次，位居全球第 2；上海浦东机场旅客吞吐量为 7 615 万人次，位居全球第 8；广州白云机场旅客吞吐量为 7 338 万人次，位居全球第 11。新冠肺炎疫情全球爆发后，2020 年广州白云机场旅客吞吐量 4 376 万人次，位居全球第 1。

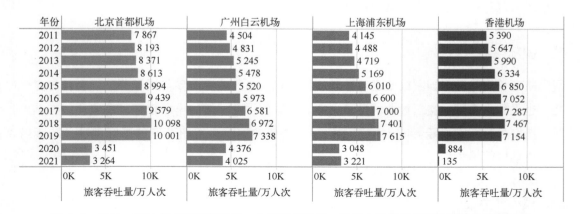

图 4-2　2011—2021 年北京首都机场、上海浦东机场、广州白云机场与香港机场旅客吞吐量

如图 4-3 所示，在货邮吞吐量方面，2019 年上海浦东机场完成 363.4 万吨，全球排名第 3；北京首都机场完成 195.5 万吨，全球排名 15；广州白云机场完成 192.0 万吨，全球排名第 16。

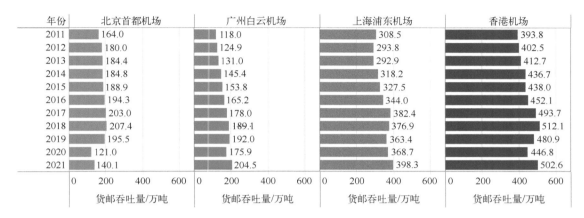

年份	北京首都机场	广州白云机场	上海浦东机场	香港机场
2011	164.0	118.0	308.5	393.8
2012	180.0	124.9	293.8	402.5
2013	184.4	131.0	292.9	412.7
2014	184.8	145.4	318.2	436.7
2015	188.9	153.8	327.5	438.0
2016	194.3	165.2	344.0	452.1
2017	203.0	178.0	382.4	493.7
2018	207.4	189.1	376.9	512.1
2019	195.5	192.0	363.4	480.9
2020	121.0	175.9	368.7	446.8
2021	140.1	204.5	398.3	502.6

图 4-3　2011—2021 年北京首都机场、上海浦东机场、广州白云机场货邮吞吐量

2019 年香港机场旅客吞吐量为 7 154.3 万人次，与上海浦东机场和广州白云机场均为年旅客吞吐量七千万级人次机场。由国际机场理事会发布的 2019 年全球最繁忙机场排名中，香港机场位列第 13 名。在货运方面，2018 年，香港机场成为全球第一个货邮吞吐量超过 500 万吨的机场，达到 512 万吨；至 2019 年，香港机场的货邮吞吐量已经连续 20 年位列全球第 1。在由国际航空运输评级组织 Skytrax 发布的 2020 全球最佳机场排名香港机场位列第 6 名，因此也将香港机场作为评价机场，作为我国内地国际航空枢纽对标学习对象。

二、东南亚参评国际航空枢纽

在东南亚地区选取的参评枢纽包括：新加坡樟宜机场、曼谷机场和吉隆坡机场。这三个国际航空枢纽及我国广州白云机场的地理位置分布如图 4-4 所示。从国际航空枢纽竞争角度来看，从我国境内出发经国际航空枢纽中转去往东南亚或澳大利亚地区，除广州白云机场外，曼谷素万那普机场、吉隆坡机场以及新加坡樟宜机场也都能够提供中转服务，对我国面向东南亚、澳新地区的中转旅客形成分流。另外，从国际转国际的角度，澳新地区经某国际枢纽中转至欧洲，也是较为庞大的一类中转市场，在此中转流向上，东南亚的三个国际航空枢纽与我国的广州白云机场、香港机场也形成竞争，因此列入参评对象。

2019 年新加坡樟宜机场旅客吞吐量达到 6 828.3 万人次，在全球最繁忙机场排名中位列 18 名。新加坡樟宜机场也是世界上获奖最多的机场之一，已获得过 594 个奖项，仅在 2018 年就获得了 30 个"最佳机场"奖项。新加坡樟宜机场最突出的特点是服务质量好，连续多年获得 Skytrax 冠军。曼谷机场 2019 年旅客吞吐量为 6 542.18 万人次，在全球机场排名中位列 19 名，在 2020 年 Skytrax 发布的全球 100 个最佳机场排名中居 48 位。泰国旅游业较为发达，曼谷素万那普机场是旅游业与航空运输业相互促进发展的典型。吉隆坡机场 2019 年旅客吞吐量为 6 232.6 万人次，在全球繁忙机场中排第 22 位，在东南亚机场排中第 3 位。

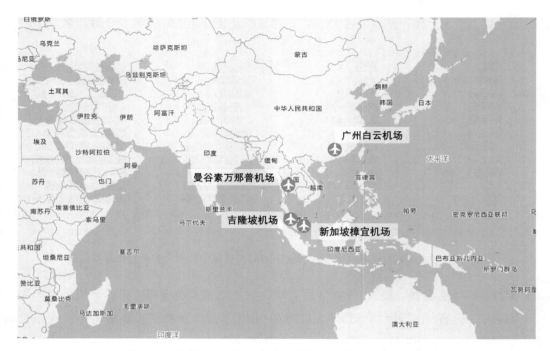

图 4-4　广州白云机场与东南亚其他枢纽的地理位置分布

（图片来源：天地图，审图号 GS（2022）3124 号）

三、东北亚参评国际航空枢纽

在东北亚选取的参评国际枢纽包括韩国首尔仁川机场和日本东京成田机场。北京首都机场、上海浦东机场、韩国首尔仁川机场与东京成田机场的地理区位如图 4-5 所示。从国际航空枢纽竞争角度来看，韩国首尔仁川机场、东京成田机场对北京首都机场与上海浦东机场在"东北亚—中转枢纽—北美"中转方向的客流形成竞争及分流。

2019 年首尔仁川机场旅客吞吐量完成 7 120.4 万人次，全球排名第 14 位。2020 年在 Skytrax 公布的全球 100 个最佳机场排名中，首尔仁川机场排第 4 名，其在旅客满意度方面表现出色。此外，首尔仁川机场建立的航空城成为国际航空城标杆。东京成田机场 2019 年机场旅客吞吐量为 4 434.5 万人次。2020 年在 Skytrax 公布的全球 100 个最佳机场排名中，东京成田机场排第 7 名。

如图 4-6 所示，在东京一市两场中，除了成田机场，还有一个羽田机场。东京羽田机场旅客吞吐量为 8 692.0 万人次，在 2019 年全球机场客运排名中位于第 5 名。但在国际旅客运输规模方面，东京成田机场国际旅客吞吐量为 3 477.1 万人次，占比为 82.0%；东京羽田机场国际旅客吞吐量为 1 853.7 万人次，占比为 21.3%。无论从国际旅客运输规模，还是占比来看，东京成田机场在国际市场发挥的作用更大，考虑到国际航空枢纽竞争力更加注重于国际市场的比较，因此选择国际市场更为突出的东京成田机场作为参评枢纽。

图 4-5　北京首都机场、上海浦东机场与东北亚其他枢纽的地理位置分布

（图片来源：天地图，审图号 GS（2022）3124 号）

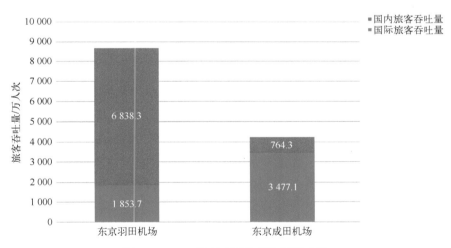

图 4-6　2019 年东京两机场旅客吞吐量

四、欧洲参评国际航空枢纽

在欧洲选取的参评枢纽包括伦敦希思罗机场、巴黎戴高乐机场、阿姆斯特丹史基浦机场和法兰克福机场。在全球航空运输市场上，欧洲因其特殊的地理位置和多个经济强体使得欧洲地区的国际航空枢纽以国际航线为主。伦敦希思罗机场、巴黎戴高乐机场、阿姆斯特丹史基浦机场和法兰克福机场均是欧洲最重要的国际航空枢纽。

伦敦希思罗机场通过高效利用机场设施和优化运行流程，达到了极高的机场运行效率。2019 年伦敦希思罗机场旅客吞吐量达到 8 088.8 万人次，在 2019 年全球最繁忙机场排名中位列第 7。曾连续第四年被 Skytrax 评为 "西欧最佳机场"，并连续 9 年被评为 "世界顶级机场航站楼" 和 "世界最佳购物机场"。2018 年，在全球机场服务质量（ASQ）调查中获得了 4.15 分（满分 5.0 分）的优异成绩。

巴黎戴高乐机场 2019 年的旅客吞吐量为 7 615 万人次，在全球最繁忙机场排名中位列第 9，在 2020 年 Skytrax 全球最佳机场排名前 20，同时获得了 "最佳购物体验机场" 第 6 名、"欧洲地区最佳机场" 第 9 名和 "最佳低成本航站楼" 等荣誉。巴黎戴高乐机场是中国旅客前往欧洲其他地区的重要枢纽。巴黎戴高乐机场对推动法国和当地就业具有积极影响，是当地经济活力的核心来源。

阿姆斯特丹史基浦机场以 7 170.7 万人次的旅客吞吐量，挤入全球最繁忙机场第 12，并以优秀的服务质量获得 2020 年 Skytrax 全球最佳机场第 9 名。阿姆斯特丹史基浦机场在带动区域经济发展中的作用日益凸显，阿姆斯特丹也逐渐从 "大海港、小空港"，转向 "海港+空港" 双轮驱动的发展模式，成为了荷兰经济增长的新引擎，其临空产业发展繁荣，被誉为 "欧洲商业界的神经中枢"。

法兰克福机场已成为全球最重要的航空运输枢纽之一，是星空联盟全球网络中的重要欧洲枢纽。法兰克福机场 2019 年旅客吞吐量为 7 055.6 万人次，进入七千万级机场行列，位列全球最繁忙机场第 15，获得 2020 年 Skytrax 全球最佳机场第 14 名。2019 年，法兰克福机场凭借为旅客提供通达全球的高效、顺畅中转体验，在 OAG 大型枢纽指数评价中仅次于伦敦希思罗机场，位列世界第二。法兰克福是欧洲中转率最高、中转旅客数量最多的机场，52% 的旅客是中转旅客。其不仅享有 "快速中转站" 的良好声誉，同时拥有卓越的多式联运系统。在多式联运中，法兰克福机场以自身高效和便捷的 "空铁联运" 而闻名于世。

五、北美参评国际航空枢纽

在北美地区选取纽约肯尼迪机场作为参评对象。2019 年纽约肯尼迪机场旅客吞吐量为 6 255.1 万人次，排名全球第 20。2019 年，纽约肯尼迪机场通航 209 个机场，其中国际通航点 141 个，占比 67.5%，国内通航点 68 个，占比 32.5%。在国际通航点占比方面纽约肯尼迪国际机高出我国北京首都机场和上海浦东机场 20% 左右，高出广州白云机场 30% 左右。在座位运力方面，对于拥有较为广阔腹地市场的美国机场来说，纽约肯尼迪机场的国际运输规模及国际占比都处于较高水平。

六、中东参评国际航空枢纽

在中东选取迪拜机场作为参评对象。迪拜机场 2019 年的旅客吞吐量为 8 639.7 万人次，在 2019 年全球机场客流量榜单中排第 4 名。航空运输是迪拜社会经济发展的重要支撑。迪拜机场能够给当地居民和游客留下较好印象，机场注重基础设施建设，其中 D 航站楼耗费 12 亿美元，其服务能力处于世界领先水平，获得 2020 年 Skytrax 全球最佳机场第 25 名。从航线网络覆盖范围看，迪拜机场的通航点主要是国际通航点。迪拜机场的发展对我国航空枢纽面向欧洲、非洲的市场区域形成一定竞争，因此在中东地区选择迪拜机场参评。

第四节　评价机场清单

综上分析，本次评价共选取 15 个枢纽机场作为评价对象，最终确定的国际航空枢纽清单如表 4-1 所示。

表 4-1　国际航空枢纽竞争力参评枢纽清单

序　号	代　码	参评枢纽名称	2019 年全球排名	2019 年旅客吞吐量/万人次	2020 Skytrax 服务排名	所属国家或地区
1	PEK	北京首都机场	2	10 001.1	80	中国
2	DXB	迪拜机场	4	8 639.7	25	中东
3	LHR	伦敦希思罗机场	7	8 088.8	12	欧洲
4	PVG	上海浦东机场	8	7 615.3	未进前 100	中国
5	CDG	巴黎戴高乐机场	9	7 615	20	欧洲
6	CAN	广州白云机场	13	7 337.8	30	中国
7	AMS	阿姆斯特丹史基浦机场	12	7 170.7	9	欧洲
8	HKG	香港机场	13	7 141.5	6	中国
9	ICN	首尔仁川机场	14	7 120.4	4	东北亚
10	FRA	法兰克福机场	15	7 055.6	14	欧洲
11	SIN	新加坡樟宜机场	18	6 828.3	1	东南亚
12	BKK	曼谷素万那普机场	19	6 542.2	48	东南亚
13	JFK	纽约肯尼迪机场	20	6 255.1	77	北美
14	KUL	吉隆坡机场	22	6 232.6	63	东南亚
15	NRT	东京成田机场	50	4 434.5	6	东北亚

数据来源：ACI 官网、Skytrax 国际航空运输评级组织。

其中包括欧洲国际航空枢纽 4 个，中国国际航空枢纽 4 个，东南亚国际航空枢纽 3 个，东北亚日、韩国际航空枢纽 2 个，北美国际航空枢纽 1 个和中东国际航空枢纽 1 个。

第二部分

国际航空枢纽竞争力评价实证

第五章
"国际航空枢纽运输规模"评价

"国际航空枢纽运输规模"是国际航空枢纽参与市场竞争的最直接产出指标。本章对 15 个国际航空枢纽客货运输规模、内部结构等方面对应的指标评价情况进行研究，探析我国主要国际航空枢纽在该指标上与其他国家国际航空枢纽的优势表现及差距。

第一节 "国际航空枢纽运输规模"综合评价

各国际航空枢纽在一级指标"国际航空枢纽运输规模"上的评估分值见图 5-1。从图中可以看出，我国航空枢纽运输规模整体排名较靠前。其中，香港机场综合评分位于第 1，上海浦东机场航空枢纽规模标准得分 0.473，仅次于香港机场（0.566）；北京首都机场航空枢纽规模标准得分 0.461，排名第 3；广州白云机场航空枢纽规模标准得分 0.374，排名第 5，均高于平均值。

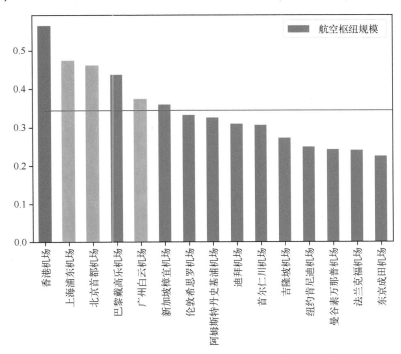

图 5-1 一级指标"国际航空枢纽运输规模"评价分值

"国际航空枢纽运输规模"指标下设"旅客运输规模与结构"与"货邮运输规模与结构"2 个二级指标，其评价结果对一级指标有着直接影响。

第二节　二级指标"旅客运输规模与结构"评价

一、"旅客运输规模与结构"评价结果

"旅客运输规模与结构"的评价结果如图 5-2 所示。在该指标中，巴黎戴高乐机场得分最高，为 0.614，远高于平均值。除香港机场外，我国内地三大航空枢纽得分偏低，其中北京首都机场得分 0.386、上海浦东机场得分 0.309、广州白云机场得分 0.305，均低于平均值。该指标体现出这三大国际航空枢纽在旅客运输规模与结构方面不具备优势。

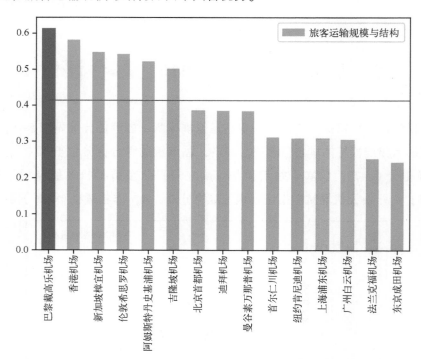

图 5-2　二级指标"旅客运输规模与结构"评价分值

"旅客运输规模与结构"下设有"国际旅客吞吐量""国内旅客吞吐量""中转旅客占比"等 3 个三级评估指标。

二、三级指标"国际旅客吞吐量"

"国际旅客吞吐量"指年度在国际航空枢纽进、出港的国际旅客数量，反映国际航空枢纽的国际旅客运输服务产出能力。我国内地三大国际航空枢纽国际旅客吞吐量规模与其他参评国际枢纽相比较低。上海浦东机场（3 240.49 万人次）、北京首都机场（2 390.90 万人次）和广州白云机场（1 794.00 万人次）国际旅客吞吐量规模与排名前三的迪拜机场（8 639.68 万人次）、伦敦希思罗机场（7 609.10 万人次）和阿姆斯特丹史基浦机场（7 170.64 万人次）相差悬殊。各参评国际航空枢纽"国际旅客吞吐量"数值对比见图 5-3。未来我国内地主要国际航空枢纽在保障服务国内市场情

况下，需要继续努力提升国际市场服务能力。

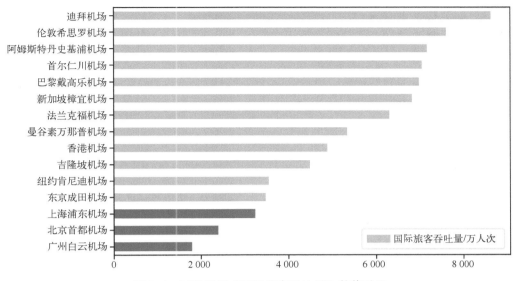

图 5-3　三级指标"国际旅客吞吐量"数值对比

以迪拜机场代表的中转型枢纽，由于其所在国家缺乏国内市场，依靠大量国际中转客源带动经济社会发展，其国际旅客规模较高。英国伦敦希思罗机场位处西欧，虽然伦敦有较为丰富的国内运输市场需求，但在大伦敦地区有 5 个航空运输机场，其中希思罗机场定位为全球型国际枢纽，比其他枢纽拥有更为丰富的洲际网络，在国际运输市场也有着较为突出的国际旅客产出规模。韩国首尔仁川机场以及法国巴黎戴高乐机场，与中国、美国的国际航空枢纽相比，为弱腹地市场型航空枢纽，国际中转市场较为发达；并且首尔仁川机场在首尔的"一市两场"运输机场中，更多地承担了国际航空枢纽功能，有另外其他的机场（首尔金浦机场）在国内运输市场中发挥作用。

三、三级指标"国内旅客吞吐量"

"国内旅客吞吐量"指年度在国际航空枢纽进、出港的国内旅客数量，反映国际航空枢纽的国内旅客运输服务产出能力。北京首都机场、广州白云机场和上海浦东机场分别完成国内旅客吞吐量 7 484 万人次、5 457 万人次和 4 366 万人次，排名前 3，远高于排名第 4 的纽约肯尼迪机场（2 702.04 万人次）。这主要是由于中国拥有 14 亿人口规模，可以提供大规模潜在运输需求人口，使得我国国际航空枢纽在国内市场上具有相对优势。各参评国际航空枢纽"国内旅客吞吐量"数值对比见图 5-4。

四、三级指标"中转旅客占比"

"中转旅客占比"指国际航空枢纽中转旅客规模占全部运输旅客规模的比值情况，反映国际航空枢纽航线网络通达及中转衔接能力，见图 5-5。考虑到我国航空运输市场特点，该指标未按照正向指标处理，选取 30% 为中转旅客占比最优值。广州白云机场、上海浦东机场和北京首都机场旅客中转占比偏低，分别为 11.91%、10.91% 和 9.44%。我国内地国际航空枢纽存在旅客中转率偏低的发展短板，未来需要大力提升网络中转衔接能力。

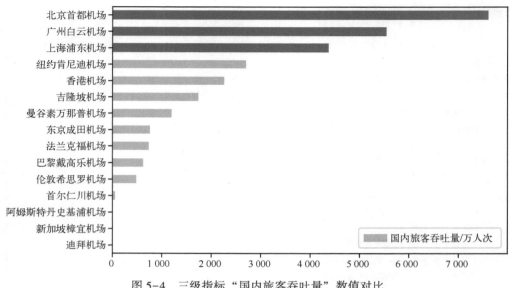

图 5-4　三级指标"国内旅客吞吐量"数值对比

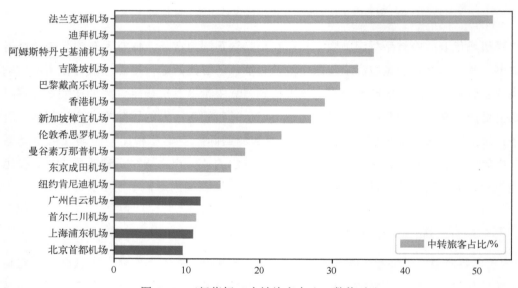

图 5-5　三级指标"中转旅客占比"数值对比

五、"旅客运输规模"评价结论

从旅客吞吐量方面来看，我国内地三大国际航空枢纽在"国际旅客吞吐量"指标上，与其他国际航空枢纽存在一定差距。在"国内旅客吞吐量"指标上，我国国际航空枢纽得益于国内超大规模市场，国内旅客吞吐量具有相对优势。我国国际航空枢纽需在满足国内市场情况下，努力提升国际旅客运输服务产出能力。从中转旅客占比来看，我国内地国际航空枢纽网络中转衔接能力不及其他国际航空枢纽。未来需要在完善航空网络布局、优化机场中转设施、简化中转流程、做强中转产品等方面着力，提高航空运输中转水平。

第三节 二级指标 "货邮运输规模与结构" 评价

一、"货邮运输规模与结构" 评价结果

"货邮运输规模与结构" 综合反映国际航空枢纽国内、国际货邮吞吐量总规模及占比情况，反映国际航空枢纽的货邮运输服务产出综合能力。我国参评的国际航空枢纽评价结果位于靠前的位置。上海浦东机场、香港机场、北京首都机场及广州白云机场在 "货邮运输规模与结果" 评价中，领先于其他参评国际航空枢纽。该指标体现出我国国际航空枢纽在货邮运输规模与结构方面具备一定优势，各参评国际航空枢纽 "货邮运输规模与结构" 评价分值见图 5-6。

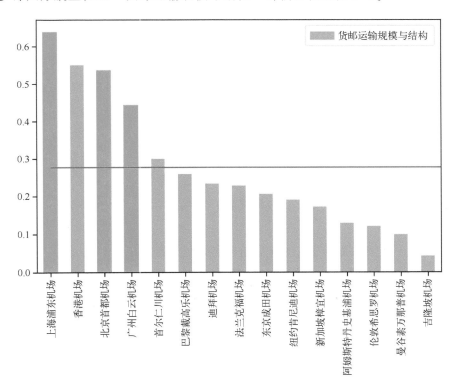

图 5-6 二级指标 "货邮运输规模与结构" 评价分值

"货邮运输规模与结构" 下设有 "国际货邮吞吐量" 与 "国内货邮吞吐量" 2 个三级评估指标。

二、三级指标 "国际货邮吞吐量"

"国际货邮吞吐量" 指年度在国际航空枢纽进、出港的国际货邮重量，反映国际航空枢纽国际货邮运输服务的产出能力。我国参评国际航空枢纽国际货邮服务产出能力差别较大。香港机场位于参评枢纽第 1 位。上海浦东机场完成国际货邮吞吐量 287.6 万吨，排名第 2，在国际货邮方面发展具备一定优势。而广州白云机场和北京首都机场分别完成国际货邮吞吐量 112.19 万吨和 95.50 万吨，排名较为靠后。各参评国际航空枢纽 "国际货邮吞吐量" 数值对比见图 5-7。

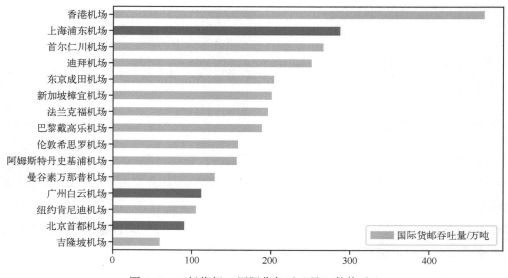

图 5-7　三级指标"国际货邮吞吐量"数值对比

优越的地理条件及先进的保障设施带动香港国际货运发展。首先，香港位于粤港澳地区，珠三角地区制造业对其航空货运发展形成强劲支撑。其次，香港自由贸易港的地位赋予其航空货运发展极大优势。加之，香港地理位置对于"北美—中转枢纽—东南亚""东南亚—中转枢纽—东北亚""东南亚—中转枢纽—欧洲"等流向的中转货源也具备极大吸引力。且香港机场一直致力于提供优质的航空货运服务，如：亚洲空运站拥有最先进的全自动货物处理系统和 RFID 卡车控制系统，处理易腐货物、危险品、牲畜、贵重货物等多类货物，满足不同货物的特别需要。国泰航空货运站拥有最先进的物料搬运系统。DHL 中亚枢纽负责发展、兴建及营运速递货运站，是香港机场首个专用速递货运站。

独特的区位优势、辽阔的腹地及高质量的航空货运处理能力推动上海浦东机场航空货运发展。据国际机场协会（ACI）公布的 2019 年全球机场货邮吞吐量排名，上海浦东机场排名第 3，仅次于香港机场、孟菲斯机场。广州白云机场虽与香港机场同处粤港澳大湾区机场群，但其客运国际航线网络及全货运网络在覆盖范围、航班频次上都不及香港机场。北京首都机场货运设施在北京大兴机场投运前呈现饱和运行状态，全货运航线不足，主要依靠客机腹舱完成国际航空货运服务，导致其在国际货邮运输业务中没有特别突出的表现。

三、三级指标"国内货邮吞吐量"

"国内货邮吞吐量"指年度在国际航空枢纽进、出港的国内货邮重量，反映国际航空枢纽国内货邮运输服务的产出能力。我国内地三大国际航空枢纽国内货邮吞吐量排名前三，规模较大。其中，北京首都机场完成国内货邮吞吐量 104 万吨，广州白云机场完成国内货邮吞吐量 78 万吨，上海浦东机场完成国内货邮吞吐量 74 万吨，远高于排名第四的纽约肯尼迪机场（28.2 万吨）。

中国国土面积辽阔、具有庞大的国内航空市场，我国内地主要枢纽又位于人口密集、经济发达的北京、上海和广州，开通的国内航线覆盖全国 80% 以上市场，使内地三大航空枢纽在"国内货邮吞吐量"指标上具有绝对优势。虽然美国与中国同样拥有庞大的国土面积及国内航空市场，但美国航空枢纽专业化分工程度高，有孟菲斯、路易斯维尔等专业货运枢纽，因此纽约肯尼迪机场国内货邮吞吐量排名位于第 4 位，与我国航空枢纽国内市场规模有一定差距。各参评国际航空枢纽 "国内货邮吞吐量" 数值对比见图 5-8。

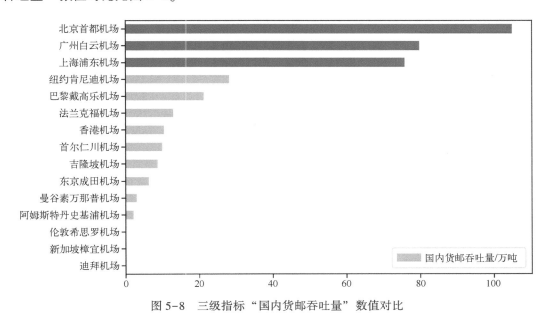

图 5-8　三级指标 "国内货邮吞吐量" 数值对比

四、"货邮运输规模与结构" 评价结论

由于地理位置、全货机及货站等保障设施、航空市场定位等因素，在国际货邮方面，香港机场、上海浦东机场排名较为靠前。北京首都机场和广州白云机场在国际航空货邮运输规模方面位于中等区域水平。在国内货邮方面，得益于中国拥有较强的国内市场，北京首都机场、上海浦东机场、广州白云机场三大国际航空枢纽在国内货邮吞吐量完成方面远超其他枢纽。北京首都机场作为京津冀机场群核心枢纽，广州白云机场作为粤港澳机场群核心枢纽，需要继续在国际航空货运市场方向发力，提高国际航空货运市场竞争能力。

第六章
"国际航空枢纽网络通达性"评价

"国际航空枢纽网络通达性"综合反映国际航空枢纽航空网络及地面交通网络对运输需求的覆盖程度、网络强度及网络整体通达情况。本章对全球主要国际航空枢纽网络通达性展开分析，并对相对应的二级指标、三级指标进行研究，明确我国主要国际航空枢纽在国际网络通达性方面的优势及需要继续提升的方面。

第一节 "国际航空枢纽网络通达性"综合评价

各参评航空枢纽在"国际航空枢纽网络通达性"指标上的综合评价分值见图 6-1。北京首都机场在 15 个主要国际航空枢纽中排名第 2，评估得分 0.527 分，排名靠前。上海浦东机场与广州白云机场分别排名第 7、第 8 名，位于中部，且得分低于平均值；香港机场排名更为靠后，位于第 13 位。

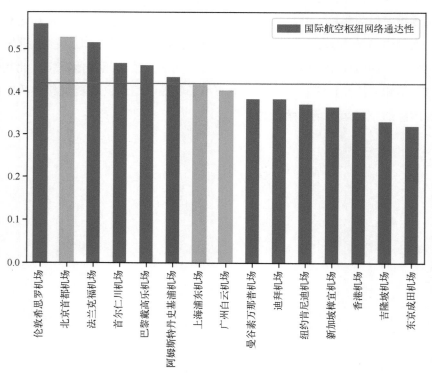

图 6-1　一级指标"国际航空枢纽网络通达性"评价分值

"国内网络通达性""国际网络通达性""核心航点强度""综合交通网络"二级指标对"国际航空枢纽网络通达性"的评价结果有着直接影响,下面对二级指标展开分析。

第二节 二级指标"国内网络通达性"评价

一、"国内网络通达性"评价结果

"国内网络通达性"是综合反映国际航空枢纽国内网络连通质量的指标,从国内网络覆盖范围及网络厚度两方面综合衡量。我国内地三大国际航空枢纽在"国内网络通达性"指标评价中具有较为突出的优势。北京首都机场、广州白云机场和上海浦东机场在"国内网络通达性"指标上位居前列,明显高于参评枢纽平均值(0.263),说明国内市场的网络通达性优异。各参评国际航空枢纽"国内网络通达性"评价分值具体情况见图6-2。

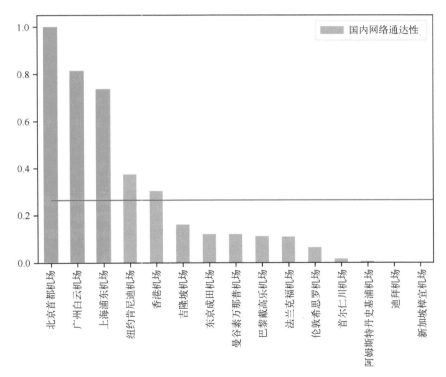

图6-2 二级指标"国内网络通达性"评价分值

"国内网络通达性"下设有"国内市场出港座位数"与"国内通航点数量"2个三级评估指标。

二、三级指标"国内市场出港座位数"

"国内市场出港座位数"指国际航空枢纽出港国内市场的座位数量总和,反映国际航空枢纽在本国市场的航线网络厚度。得益于庞大的国内市场,北京首都机场、广州白云机场和上海浦东机场在该指标上位居前3位,表现优异,纽约肯尼迪机场排名第4位。迪拜机场、新加坡樟宜机场、阿姆斯特丹史基浦机场以及首尔仁川机场受所处国家地理位置及国土面积等因素影响，无国内市场运力投入或国内市场运力较少。具体数值对比见图6-3。

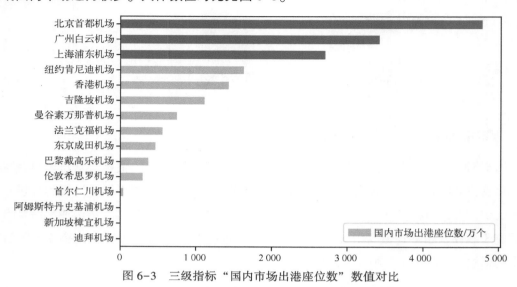

图6-3　三级指标"国内市场出港座位数"数值对比

三、三级指标"国内通航点数量"

"国内通航点数量"指国际航空枢纽通达国内市场的航点总数量，反映国际航空枢纽对国内市场的网络覆盖能力。我国庞大的国内市场为我国国际航空枢纽客运发展奠定了基础，在该指标上，北京首都机场、上海浦东机场及广州白云机场位居前三，具有明显优势。排名第1的是北京首都机场，覆盖166个国内航点，广州白云机场以152个国内通航点排在第2名，上海浦东机场以151个国内通航点紧随其后。各参评国际航空枢纽"国内通航点数量"数值对比见图6-4。

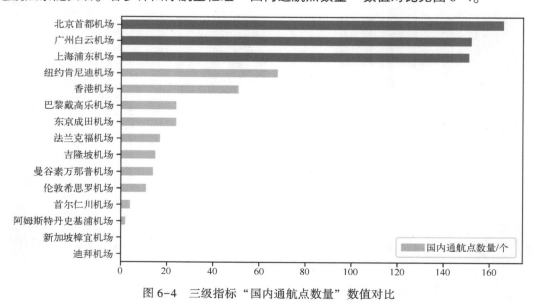

图6-4　三级指标"国内通航点数量"数值对比

迪拜机场、新加坡樟宜机场、阿姆斯特丹史基浦机场、首尔仁川机场，受国土面积影响，国内通航点数量较少甚至没有，所以在"国内通航点数量"与"国内市场出港座位数"指标上排名均较后。纽约肯尼迪机场在"国内市场出港座位数"与"国内通航点数量"两个指标的排名仅次于我国内地三大国际航空枢纽，这与美国同样具有较强的国内市场密不可分。

四、"国内网络通达性"评价结论

我国参评国际航空枢纽在"国内网络通达性"指标上位居前列，说明其在国内市场的网络通达性较好。从国内市场出港座位数来看，得益于中国庞大的人口基数、经济社会平稳高速发展，北上广三大航空枢纽在"国内市场出港座位数"指标上具有一定优势，在国内市场的航空运力水平较高。从国内通航点数量来看，我国内地三大国际航空枢纽国内航点覆盖能力较强，在 15 个机场中排名前三，有着优势明显的国内市场。

第三节 二级指标"国际网络通达性"评价

一、"国际网络通达性"评价结果

"国际网络通达性"是综合反映国际航空枢纽国际网络连通质量的指标，从国际网络覆盖范围及网络厚度两方面综合衡量。不同于国内网络通达性，我国参评国际航空枢纽排名较为靠后。对指标数据标准化后进行评估，香港机场排名第 10；上海浦东机场、北京首都机场、广州白云机场分别排第 13、14、15 名，排名均比较靠后。排名前 4 位的航空枢纽有迪拜机场、法兰克福机场、阿姆斯特丹史基浦机场和巴黎戴高乐机场，这几个机场在该项二级指标对应分值相近，均超过 0.8。各参评国际航空枢纽"国际网络通达性"评价分值具体情况见图 6-5。

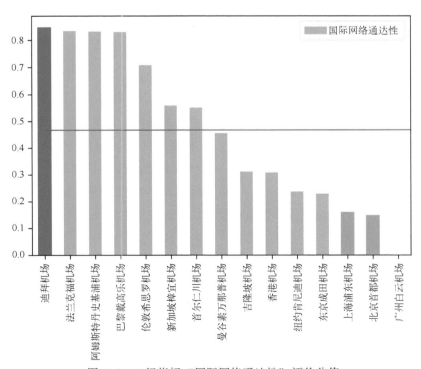

图 6-5 二级指标"国际网络通达性"评价分值

"国际网络通达性"下设有"国际市场出港座位数"与"国际通航点数量"2 个三级评估指标。

二、三级指标"国际市场出港座位数"

"国际市场出港座位数"指国际航空枢纽出港国际市场的座位数量总和，反映国际航空枢纽在国际市场的航线网络厚度。我国参评的主要国际航空枢纽在国际市场上的运力投放排位较为靠后。香港机场排名第 9，上海浦东机场、北京首都机场、广州白云机场在该项指标排名分别为第 13、14、15 名。迪拜机场以超过 5 000 万个国际出港座位数位列第 1。国际市场出港座位数超过 4 000 万个的国际航空枢纽有：伦敦希思罗机场、新加坡樟宜机场、首尔仁川机场、阿姆斯特丹史基浦机场和巴黎戴高乐机场 5 个航空枢纽。具体指标数值见图 6-6。

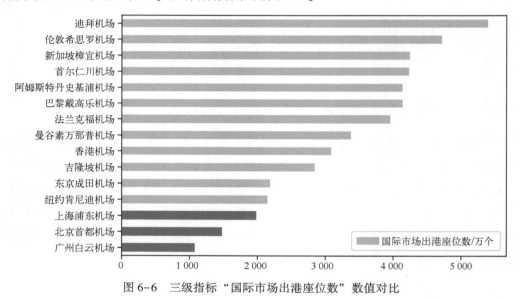

图 6-6　三级指标"国际市场出港座位数"数值对比

三、三级指标"国际通航点数量"

"国际通航点数量"指国际航空枢纽通达国际市场的航点总数量，反映国际航空枢纽对国际市场的网络覆盖能力。我国参评国际枢纽的国际通航点数量在 15 个国际航空枢纽中位置较为靠后。北京首都机场以 136 个国际通航点排名第 11 名，上海浦东机场以 115 个国际通航点排名第 14 名，广州白云机场以 90 个国际通航点排名第 15 名。在 15 个国际航空枢纽机场中，国际通航点数量超过 300 个的机场有 3 个：法兰克福机场（317 个）、阿姆斯特丹史基浦机场（307 个）、巴黎戴高乐机场（306 个）。这三个航空枢纽在国际通航点数量指标也是排名前 3，拥有着广泛的海外市场。具体数值对比见图 6-7。

法兰克福机场、阿姆斯特丹史基浦机场和巴黎戴高乐机场的航线网络覆盖能力最强，与其地理区位特点密不可分。法兰克福机场是德国最大的航空枢纽，被称为"德国的经济心脏"。而德国地处欧洲的"十字路口"，法兰克福机场对于德国联通欧洲和世界发挥着至关重要的作用。阿姆斯特丹史基浦机场是"欧洲商业界的神经中枢"，具有优越的区位优势，辐射欧洲经济最发达的区域。此外，相比于前三名的航空枢纽，迪拜机场依靠优越的地理位，与航空公司协作，有较强国际市场开拓能力和中转能力，国际市场运力最高。

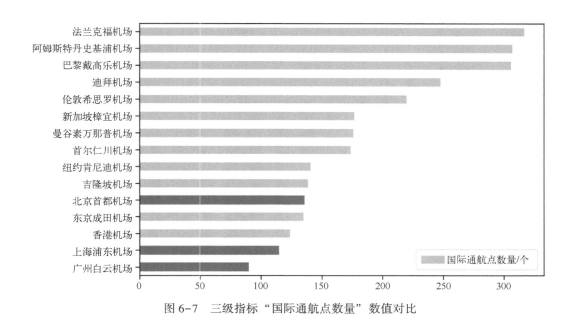

图 6-7　三级指标"国际通航点数量"数值对比

四、"国际网络通达性"评价结论

我国北京、上海、广州及香港枢纽在"国际网络通达性"指标上排名均靠后，国际市场运力和国际航点覆盖能力较弱，国际市场的开拓与覆盖亟待提升。从国际通航点数量来看，我国航空枢纽国际航点覆盖远不及法兰克福机场、阿姆斯特丹史基浦机场和巴黎戴高乐机场，我国国际航空枢纽需根据不同国际市场区域的不同运营特征，增强国际网络通达能力。

第四节　二级指标"核心航点强度"评价

一、"核心航点强度"评价结果

"核心航点强度"综合反映了国际航空枢纽的国际、国内骨干网络强度，核心航点强度越高，国际航空枢纽网络通达能力越强。我国内地参评国际航空枢纽除北京首都机场在该项指标上具有一定优势外，广州白云机场、上海浦东机场排名均靠后。北京首都机场"核心航点强度"指标得分分值为 0.507，略低于伦敦希思罗机场，排名第 2。上海浦东机场得分分值为 0.293，广州白云机场得分分值为 0.288，均未达到平均值。新加坡樟宜机场、首尔仁川机场排名分列第 3、第 4。各参评国际航空枢纽二级指标"核心航点强度"评价分值具体情况见图 6-8。

该二级指标值受"日航班频次超过 10 的国内航点总出港运力"与"日航班频次超过 3 的国际航点总出港运力" 2 个三级指标影响。

二、三级指标"日航班频次超过 10 的国内航点总出港运力"

"日航班频次超过 10 的国内航点总出港运力"指国际航空枢纽日航班频次超过 10 的国内航点

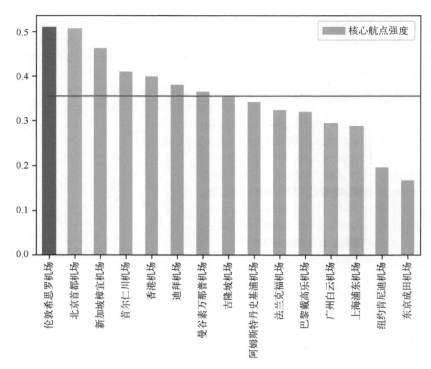

图 6-8　二级指标"核心航点强度"评价分值

所能提供的出港座位运力之和，反映国际航空枢纽国内骨干网络强度。我国国际航空枢纽在该指标上具有较强优势，包揽该项三级指标的前 3，北京首都机场"日航班频次超过 10 的国内航点总出港运力"为 3 436.5 万个，遥遥领先于其他 14 个机场。广州白云机场（2 016.1 万个）、上海浦东机场（1 159.8 万个）分列第 2、第 3。迪拜机场、巴黎戴高乐机场、阿姆斯特丹史基浦机场、首尔仁川机场和新加坡樟宜机场，因其国内腹地市场较小，日航班频次超过 10 的国内航点数量为 0。各参评国际航空枢纽"日航班频次超过 10 的国内航点总出港运力"具体数值对比见图 6-9。

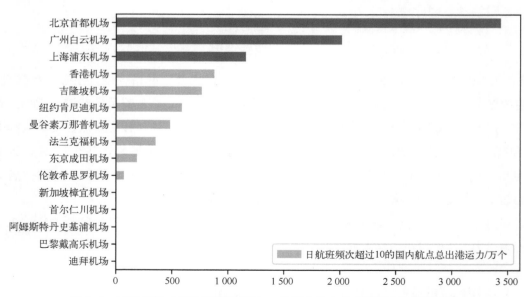

图 6-9　三级指标"日航班频次超过 10 的国内航点总出港运力"数值对比

我国三大主要航空枢纽国内市场骨干网络较为发达，网络厚度高，但也能发现其呈阶梯分布。北京首都机场国内骨干网络强度最高，广州白云机场紧随其后，上海浦东机场在"日航班频次超过10的国内航点总出港运力"上，落后于其他两个枢纽机场。这在一定程度上与上海两场的分工定位有关，上海虹桥机场侧重国内市场为主，辅以少量东北亚地区国际航线；上海浦东机场定位为国际枢纽，以国际市场及航空货运为主，国内航线网络品质稍微逊色。

三、三级指标"日航班频次超过3的国际航点总出港运力"

"日航班频次超过3的国际航点总出港运力"指国际航空枢纽日航班频次超过3的国际航点所能提供的出港座位运力之和，反映国际航空枢纽国际骨干网络强度。通过对比可以看出，上海浦东机场、北京首都机场与广州白云机场排位较为靠后，国际干线网络强度有待提高。上海浦东机场"日航班频次超过3的国际通航点总出港运力"为1 235.2万个，北京首都机场为549.9万个，广州白云机场为504.4万个。与"日航班频次超过3的国际航点总出港运力"超过3 000万个的伦敦希思罗机场、新加坡樟宜机场和首尔仁川机场差距较大。各参评国际航空枢纽在该指标的数值对比见图6-10。

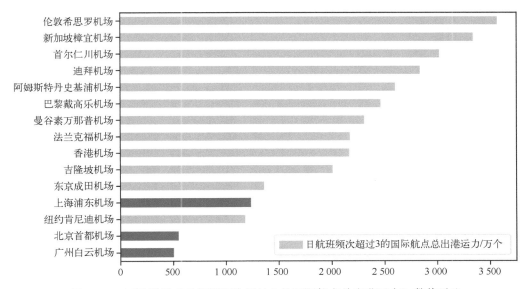

图6-10 三级指标"日航班频次超过3的国际航点总出港运力"数值对比

四、"核心航点强度"评价结论

在"核心航点强度"上，北京首都机场、广州白云机场、上海浦东机场的国内核心航点骨干网打造有成效，但是国际核心航点骨干网络打造的强度还有待提升。从"日航班频次超过10的国内航点总出港运力"上来看，我国三大国际航空枢纽在通达国内市场的干线强度能力较强，重点国内航线厚度较高，尤其是北京首都机场在国内干线联系强度上遥遥领先其他机场。从"日航班频次超过3的国际航点总出港运力"上来看，国内枢纽在国际干线上的网络强度较差，连接国际枢纽机场的频次还有待提高。

第五节　二级指标"综合交通网络"评价

一、"综合交通网络"评价结果

"综合交通网络"指国际航空枢纽接驳其他地面交通方式的丰富程度及便捷性，反映航空枢纽地面交通便捷性。我国北京首都机场、上海浦东机场、广州白云机场三大国际航空枢纽在综合交通网络建设水平方面，在参评枢纽中处于中等水平，得分低于15个国际航空枢纽的平均值。广州白云机场得分分值为0.502，排名第9；上海浦东机场得分分值为0.479，排名第11；北京首都机场得分分值为0.454，排名第12。在15个国际航空枢纽机场中，排名前3的是伦敦希思罗机场、首尔仁川机场、法兰克福机场。该项指标说明我国内地三大国际航空枢纽在综合交通网络方面不具备优势。各参评国际航空枢纽"综合交通网络"评价分值具体情况见图6-11。

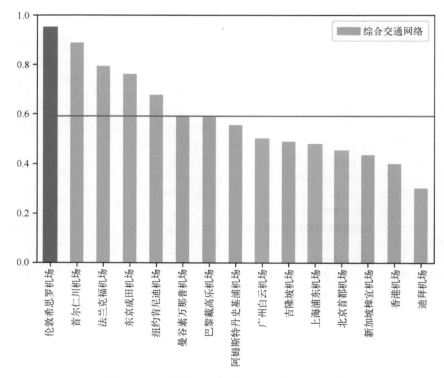

图6-11　二级指标"综合交通网络"评价分值

该指标得分情况受"铁路的连接"、"公路的连接"和"城市轨道交通的连接"等3个指标的影响，接下来对三级指标展开分析。

二、三级指标"铁路的连接"

"铁路的连接"指国际航空枢纽与铁路衔接的情况，反映国际航空枢纽为旅客提供铁路出行的便捷程度。根据参评的15个国际航空枢纽与铁路连接的实际情况和该指标的给分规则，进行标准判定。"铁路的连接" 指标判断标准详见第三章第三节。

我国参评国际航空枢纽还未实现与铁路的物理连接。在 15 个国际航空枢纽中，广州白云机场无铁路接入，距离火车站 12 千米；北京首都机场无铁路接入，距离火车站 28 千米；上海浦东机场无铁路接入，距离最近的铁路站点约 44 千米。各参评国际航空枢纽 "铁路的连接" 具体情况见表 6-1。

表 6-1 各航空枢纽 "铁路的连接" 基本情况

排名	机 场 名 称	铁路的连接
1	伦敦希思罗机场	有铁路接入
2	首尔仁川机场	有铁路接入
3	阿姆斯特丹史基浦机场	有铁路接入
4	法兰克福机场	有铁路接入
5	巴黎戴高乐机场	有铁路接入
6	东京成田机场	有铁路接入
7	吉隆坡机场	无铁路接入，距离最近的火车站约 9.9 千米
8	纽约肯尼迪机场	无铁路接入，距离最近的铁路站点约 13 千米
9	北京首都机场	无铁路接入，距离最近的火车站约 28 千米
10	广州白云机场	无铁路接入，距离最近的火车站约 12 千米
11	新加坡樟宜机场	无铁路接入，距离最近的火车站 20～30 千米
12	香港机场	无铁路接入，距离最近的火车站 30～40 千米
13	曼谷素万那普机场	无铁路接入，距离最近的火车站约 40 千米
14	上海浦东机场	无铁路接入，距离最近的铁路站点（上海南站）约 44 千米
15	迪拜机场	无铁路接入，阿联酋暂无客运火车站

法兰克福机场、首尔仁川机场、阿姆斯特丹史基浦机场、巴黎戴高乐机场、伦敦希思罗机场和东京成田机场 6 个机场并列第 1，均有铁路接入。欧洲航空枢纽铁路设施铺设相对较早且完善。东北亚的首尔仁川机场、东京成田机场铁路与机场联运方面也表现相对较好。国际航空枢纽与铁路系统进行融合衔接已经成为国际航空枢纽陆侧交通有效集散的必要条件。各参评国际航空枢纽 "铁路的连接" 指标数值对比见图 6-12。

三、三级指标 "公路的连接"

"公路的连接" 指国际航空枢纽与道路公共交通的连通、线路丰富情况，反映国际航空枢纽为旅客提供公路出行的便捷程度，是衡量国际航空枢纽综合交通网络集散能力的重要指标。根据参评的 15 个国际航空枢纽与公路连接的实际情况及该指标的给分规则，进行得分判定。"公路的连接" 指标判断标准详见第三章第三节。

我国参评国际航空枢纽在与公路的连接方面表现出一定差异性。香港机场的陆路交通方式最为丰富、便捷。广州白云机场有 4 条高速公路，机场开通有 16 条市区大巴线路（含 "空港快线" 和 "机场快线"）、15 条省内巴士线路及 1 条公交线路。上海浦东机场有 3 条高速公路、8 条地面公交线路和 9 条长途客运线路，在参评枢纽中处于中等水平。北京首都机场有 3 条高速公路，开通了空港巴士线路，无市政公交，在参评枢纽中排名靠后。各参评国际航空枢纽在 "公路的连接" 指标上的具体情况见表 6-2。

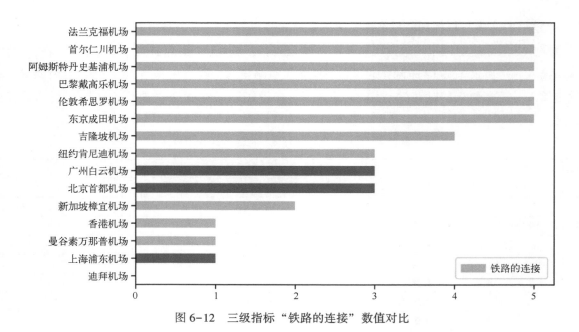

图6-12 三级指标"铁路的连接"数值对比

表6-2 各参评国际航空枢纽"公路的连接"基本情况

序号	机 场 名 称	公路的连接
1	首尔仁川机场	2条高速公路； 有15条市政公交线路； 26条机场巴士线路
2	香港机场	3条高速公路； 57条公交线路（分为五类：17条A线+11条E线+13条NA线+11条N线+5条S线）； 18条机场巴士线路（3条居民巴士+5条跨境口岸大巴+9条中国内地和1条澳门大巴）
3	伦敦希思罗机场	2条高速公路； 6条公交线路
4	法兰克福机场	3条高速公路； 15公交线路（其中含1条汉莎机场专线）； 4条长途客运线路
5	广州白云机场	4条高速公路； 1条公交线路； 16条市区大巴线路和15条省内巴士线路
6	新加坡樟宜机场	3条高速公路； 4条公交线路； 约有3条短途机场巴士线路
7	曼谷素万那普机场	1条高速公路； 疫情期间只有3条公交线路； 4条机场巴士线路
8	上海浦东机场	3条高速公路； 8条地面公交线路； 9条长途客运线路
9	迪拜机场	1条高速公路； 11条公交车线路； 2条机场巴士线路

序号	机 场 名 称	公路的连接
10	巴黎戴高乐机场	1 条高速公路； 2 条公交车线路； 5 条机场巴士线路
11	纽约肯尼迪机场	1 条高速公路； 3 条公交线路； 4 条机场巴士线路
12	北京首都机场	3 条高速公路； 无市政公交； 7 条省际空港巴士线路和 11 条市区空港巴士线路
13	东京成田机场	1 条高速公路； 13 条机场巴士线路
14	阿姆斯特丹 史基浦机场	3 条高速公路； 1 条机场快线（属于市政公交）； 无机场巴士
15	吉隆坡机场	1 条高速公路； 无市政公交； 4 条机场巴士路线

在 15 个参评国际航空枢纽中，香港机场、首尔仁川机场在该三级指标并列第 1；伦敦希思罗机场第 2；法兰克福机场第 3；广州白云机场、上海浦东机场、新加坡樟宜机场、曼谷素万那普机场、迪拜机场在该三级指标排名并列第 4。北京首都机场、纽约肯尼迪机场与巴黎戴高乐机场并列在该三级指标第 5 名。各参评国际航空枢纽"公路的连接"指标数值对比见图 6-13。

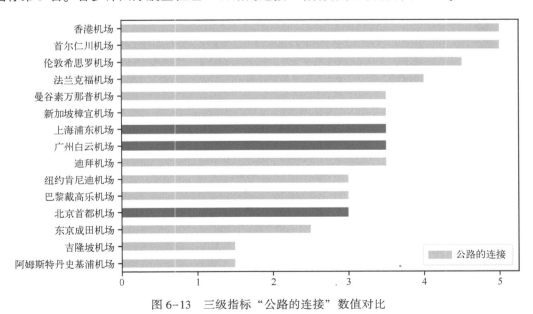

图 6-13 三级指标"公路的连接"数值对比

四、三级指标"城市轨道交通的连接"

"城市轨道交通的连接"指国际航空枢纽与城市轨道交通的衔接程度，反映国际航空枢纽为旅客提供轨道交通出行的便捷程度，包括航空枢纽轨道交通连接数量和机场航站楼之间旅客捷运系统情况。根据参评的 15 个航空枢纽轨道交通实际情况及该指标的给分规则，进行标准判定。"城市轨道交通的连接"指标判断标准详见第三章第三节。

参评的 15 个国际航空枢纽在该三级指标评价中，分成了四个层级：纽约肯尼迪机场、曼谷素万那普机场、伦敦希思罗机场、东京成田机场位于第一层级，对应分值为 5 分；上海浦东机场、法兰克福机场、首尔仁川机场、吉隆坡机场、阿姆斯特丹史基浦机场位于第二层级，对应分值为 4 分；新加坡樟宜机场、广州白云机场、巴黎戴高乐机场、迪拜机场、北京首都机场位于第三层级，对应分值为 3 分；香港机场位于第四层级，对应分值为 2 分。各参评国际航空枢纽"城市轨道交通的连接"具体情况见表 6-3。

表 6-3　各航空枢纽"城市轨道交通的连接"具体情况

序号	机 场 名 称	城市轨道交通的连接
1	纽约肯尼迪机场	Air Train 连接地铁和火车站，共 3 条线路，一条连接的站点可以乘坐公交等，一条连接牙买加火车站，一条是航站楼环线，第三条属于机场内部捷运系统
2	伦敦希思罗机场	伦敦希思罗机场有 1 条地铁 Underground，通往市区；伦敦希思罗机场的"机场快线"也是一种列车，提供快线接驳服务（Heathrow Express Shuttle），可以算做是航站楼之间的捷运系统；伦敦希思罗机场通过火车也可以通往市区，和机场快线路线相同，有 4 条，但设的站点更多、更灵活
3	曼谷素万那普机场	SA 城市线（红、黄、蓝三条机场快线）；单航站楼
4	东京成田机场	3 条电车线；航站楼间有轨道捷运系统
5	法兰克福机场	机场有 2 条城市列车/短途火车路线（S8 和 S9）；往返航站楼有高架轻轨列车 Skyline 和免费航站楼穿梭巴士
6	上海浦东机场	地铁 2 号线接入；有磁悬浮列车；机场内有轨道捷运系统
7	首尔仁川机场	有 1 条铁路路线进入市区；1 条磁悬浮列车路线；航站楼间由铁路站点连接
8	吉隆坡机场	2 条快速铁路、机场地铁；航站楼间依靠快速铁路换乘
9	阿姆斯特丹史基浦机场	阿姆斯特丹史基浦机场地下有火车站，但火车站兼具城际连接和市内连接的功能，开往阿姆斯特丹市中心的中央火车站有两条线路，快车和慢车，划定为城市轨道交通；单航站楼无须捷运系统
10	新加坡樟宜机场	有地铁连接；航站楼间有轨道捷运系统
11	广州白云机场	1 条地铁；机场航站楼之间有地铁和穿梭巴士
12	巴黎戴高乐机场	1 条轨道交通线；2 条轨道捷运线
13	迪拜机场	一条地铁线；航站楼之间有小火车连接
14	北京首都机场	1 条地铁线；有旅客捷运系统
15	香港机场	有 1 条港铁快线；两座航站楼之间无轨道捷运系统，巴士接驳

得分为 5 分的国际航空枢纽都有地铁或快速铁路，大部分航站楼之间有捷运系统。纽约肯尼迪机场有 Air Train 连接地铁和火车站，共 3 条线路，一条连接的站点可以乘坐公交，一条连接牙买加火车站，一条是航站楼环线，第三条属于机场内部捷运系统。曼谷素万那普机场 SA 城市线（红、黄、蓝三条机场快线）。上海浦东机场有地铁 2 号线和磁悬浮列车接入，机场内有轨道捷运系统；广州白云机场、北京首都机场皆仅有一条地铁线路。各参评国际航空枢纽城市轨道交通的连接情况数值对比见图 6-14。

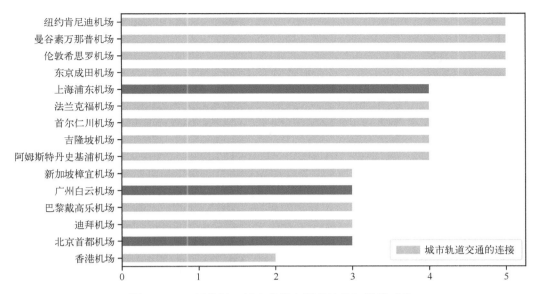

图6-14 三级指标"城市轨道交通的连接"数值对比

五、"综合交通网络"评价结论

以机场为核心的综合交通枢纽是我国交通枢纽系统建设的重要组成部分，我国内地三大国际航空枢纽综合交通网络集散能力与欧洲、日本的国际航空枢纽还存在一定差距。从铁路的连接上来看，我国内地三大航空枢纽均未与铁路实现物理连接，广州白云机场是三个航空枢纽中离高铁站点稍近的机场；在公路连接上，三个航空枢纽皆在公交线路数量上有所扣分，尤其是北京首都机场暂未开通公交线路；在城市轨道交通连接上，上海浦东机场已开通地铁线路及磁悬浮列车，而广州白云机场与北京首都机场仅开通一条地铁线路，城市轨道交通连接的多样性和广度还有待提高。

第七章
"国际航空枢纽网络中转衔接效率"评价

"国际航空枢纽网络中转衔接效率"是国际航空枢纽竞争力评价的第三个一级指标。本章对 15 个国际航空枢纽在"国际航空枢纽网络中转衔接效率"指标上的评价结果，以及该指标对应的二级指标、三级指标的评价情况逐级展开分析，探析我国国际航空枢纽在"国际航空枢纽网络中转衔接效率"指标上与其他国际枢纽的优势、差距。

第一节 "国际航空枢纽网络中转衔接效率"综合评价

在与其他参评航空枢纽对比中，我国内地主要国际航空枢纽网络中转衔接效率整体排名较靠后。其中，广州白云机场标准得分 0.465，排名第 8；北京首都机场标准得分 0.369，排名第 11；上海浦东机场标准得分 0.151，排名第 15。我国北京、上海及广州航空枢纽的中转衔接效率综合评分均低于平均值。各参评国际航空枢纽网络中转衔接效率评价分值见图 7-1。

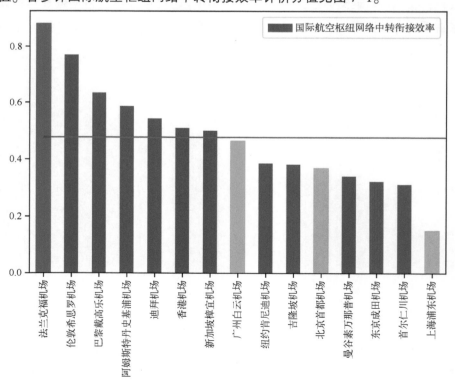

图 7-1 一级指标"国际航空枢纽网络中转衔接效率"评价分值

"国际航空枢纽网络中转衔接效率"指标下设"国际可能衔接航班座规模""航班最短衔接时间""枢纽综合交通接驳效率"等3个二级指标。

第二节 二级指标"国际可能衔接航班座规模"评价

一、"国际可能衔接航班座规模"评价结果

"国际可能衔接航班座规模"指国际航空枢纽能提供的国际方向可衔接航班座位数的规模,反映国际航空枢纽国际市场的网络衔接能力。在"国际可能衔接航班座规模"评价分值中,北京首都机场和广州白云机场得分0.431和0.354,略高于其他参评枢纽的平均值,而上海浦东机场得分0.172,低于平均值。法兰克福机场在"国际可能衔接航班座规模"评价方面最优,得分0.970,远高于平均值。该指标表明我国北京、上海、广州三大航空枢纽,在国际航空运输市场可提供的中转衔接服务,在可选择的服务产品方面有继续提升的空间。各国际航空枢纽"国际可能衔接航班座规模"评价分值具体情况见图7-2。

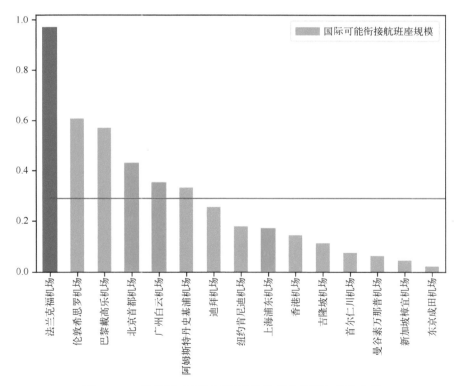

图7-2 二级指标"国际可能衔接航班座规模"评价分值

"国际可能衔接航班座规模"的表现情况由"3小时以内国际转国内可能衔接机会""3小时以内国内转国际可能衔接机会""5小时以内国际转国际可能衔接机会"等3个指标决定。

二、三级指标"3 小时以内国际转国内可能衔接机会"

在"3 小时以内国际转国内可能衔接机会"数值对比中,北京首都机场、广州白云机场和上海浦东机场提供的可能衔接机会总数量位于参评枢纽的中上水平。法兰克福机场可提供的"3 小时以内国际转国内可能衔接机会"为 8 038.5 万个座位数。北京首都机场、广州白云机场和上海浦东机场可提供的"3 小时以内国际转国内可能衔接机会"分别为 5 985.7 万个座位数、4 936.1 万个座位数和 2 276.1 万个座位数。香港机场通航我国内地机场数量相对较少,但其主要通航内地的千万级机场及省会机场,因此能够提供一定规模的 3 小时以内国际转国内可能衔接机会,排在第 9 名。新加坡樟宜机场、阿姆斯特丹史基浦机场和迪拜机场受所处国家地理位置及国土面积等因素影响,无国内市场,因此可提供的 3 小时以内国际转国内可能衔接机会为 0。各参评国际航空枢纽"3 小时以内国际转国内可能衔接机会"数值对比见图 7-3。

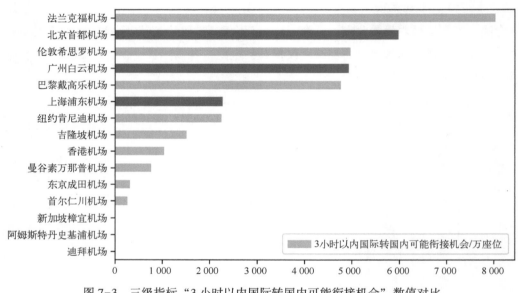

图 7-3　三级指标"3 小时以内国际转国内可能衔接机会"数值对比

三、三级指标"3 小时以内国内转国际可能衔接机会"

在"3 小时以内国内转国际可能衔接机会"数值对比中,法兰克福机场为旅客提供 3 小时以内国际转国内可能衔接机会最多,可提供 16 971.3 万个座位数,远高于其他枢纽。我国内地三大国际航空枢纽中,北京首都机场可提供 9 074.5 万个座位数,排名第 2;广州白云机场可提供 7 294.4 万个座位数,排名第 4;上海浦东机场可提供 3 432.7 万个座位数,排名第 7。各参评国际航空枢纽"3 小时以内国内转国际可能衔接机会"数值对比见图 7-4。

四、三级指标"5 小时以内国际转国际可能衔接机会"

在"5 小时以内国际转国际可能衔接机会"数值对比中,可提供 5 小时以内国际转国际可能衔接机会座位数排名前 5 位的航空枢纽依次是阿姆斯特丹史基浦机场、法兰克福机场、迪拜机场、伦敦希斯罗机场和巴黎戴高乐机场。其中,阿姆斯特丹史基浦机场位于欧洲的西北部,是天合联盟的

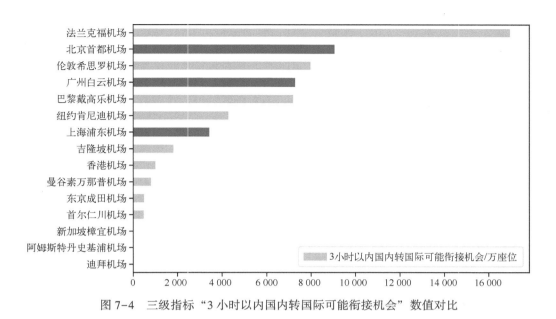

图7-4　三级指标"3小时以内国内转国际可能衔接机会"数值对比

枢纽机场。我国内地国际航空枢纽在国际转国际方向上能提供的衔接机会相对较少，远低于其他国际枢纽。各参评国际航空枢纽"5小时以内国际转国际可能衔接机会"数值对比见图7-5。

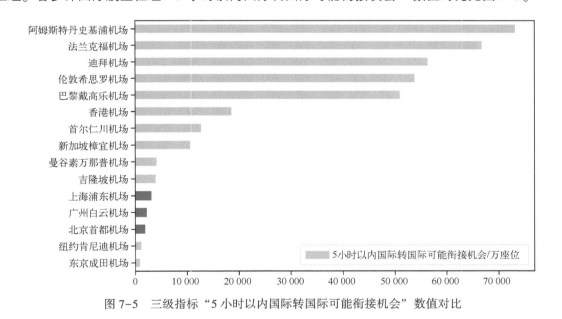

图7-5　三级指标"5小时以内国际转国际可能衔接机会"数值对比

五、"国际可能衔接航班座规模"评价结论

我国内地主要国际航空枢纽在"国际可能衔接航班座规模"方面与排名靠前的其他国际枢纽存在一定差距。尤其是在国际转国际衔接方面，北京首都机场、上海浦东机场与广州白云机场不具备竞争优势，在"5小时以内国际转国际可能衔接机会"评价中排名靠后。我国内地三大国际航空枢纽在"3小时以内国际转国内可能衔接机会"及"3小时以内国内转国际可能衔接机会"评价中处于中等水平。得益于国内市场的发展，北京、上海与广州国际航空枢纽在"国内—国际"中转衔接上，具备一定规模；但与其他国际枢纽相比，在"国际—国际"中转方向上的竞争力不足。

第三节　二级指标"航班最短衔接时间"评价

一、"航班最短衔接时间"评价结果

"航班最短衔接时间"反映国际航空枢纽航班衔接效率，体现了国际航空枢纽对中转旅客服务满足状况，以及与航空公司的配合能力。在"航班最短衔接时间"评价分值中，法兰克福机场得分0.938，排名第1。广州白云机场、北京首都机场和上海浦东机场得分低于平均值。各国际航空枢纽"航班最短衔接时间"评价分值具体情况见图7-6。

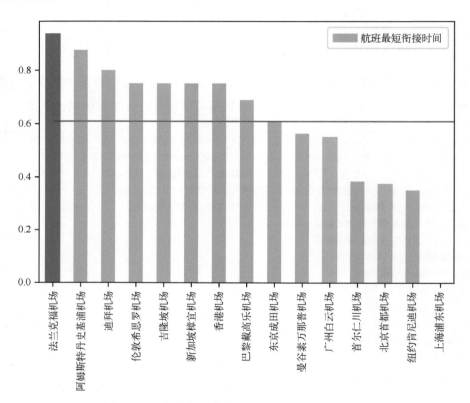

图7-6　二级指标"航班最短衔接时间"评价分值

"航班最短衔接时间"下设 4 个三级指标，分别是"国内转国内 MCT""国际转国内 MCT""国内转国际 MCT""国际转国际 MCT"。

二、三级指标"国内转国内 MCT"

在"国内转国内 MCT"指标评价结果中，北京首都机场和广州白云机场国内转国内 MCT 为50分钟和60分钟，上海浦东机场国内转国内 MCT 最长，需120分钟。各参评国际航空枢纽"国内转国内 MCT"数值对比见图7-7。

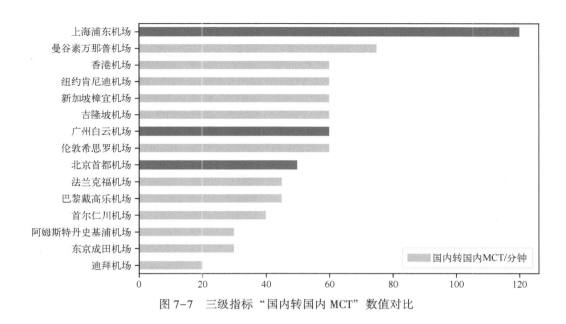

图 7-7 三级指标 "国内转国内 MCT" 数值对比

三、三级指标 "国际转国内 MCT"

在 "国际转国内 MCT" 指标评价结果中，法兰克福机场国际转国内中转时间最短，为 45 分钟。迪拜机场、伦敦希思罗机场、新加坡樟宜机场、香港机场等 7 个国际航空枢纽国际转国内 MCT 均为 60 分钟。广州白云机场、北京首都机场和上海浦东机场国际转国内 MCT 分别为 90 分钟、120 分钟和 120 分钟。各参评国际航空枢纽 "国际转国内 MCT" 数值对比见图 7-8。

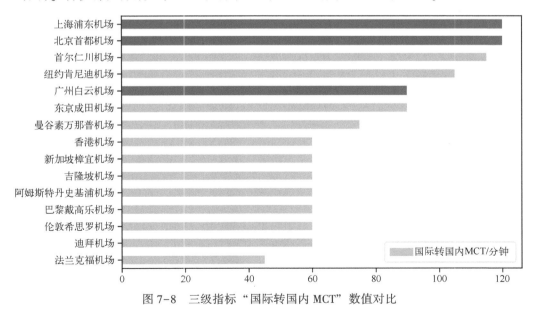

图 7-8 三级指标 "国际转国内 MCT" 数值对比

四、三级指标 "国内转国际 MCT"

在 "国内转国际 MCT" 指标评价结果中，法兰克福机场国内转国际中转时间最短，为 45 分钟。我国内地国际航空枢纽在 "国内转国际 MCT" 评价中，中转时间较长，不具备优势。广州白云机场国内转国际 MCT 为 90 分钟，上海浦东机场和北京首都机场国内转国际 MCT 最长，需 120 分钟。

各参评国际航空枢纽"国内转国际MCT"数值对比见图7-9。

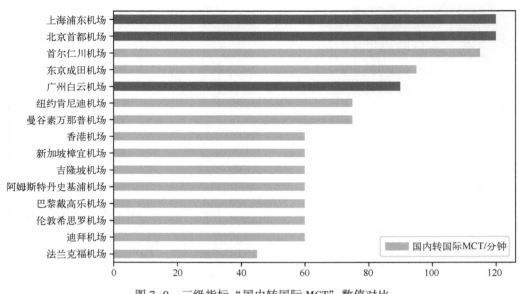

图 7-9　三级指标"国内转国际 MCT"数值对比

五、三级指标"国际转国际 MCT"

在"国际转国际 MCT"指标评价结果中,阿姆斯特丹史基浦机场和法兰克福机场国际转国际中转时间最短,均只需 45 分钟。北京首都机场和广州白云机场国际转国际 MCT 为 60 分钟,上海浦东机场国际转国际 MCT 为 120 分钟。各参评国际航空枢纽"国际转国际 MCT"数值对比见图7-10。

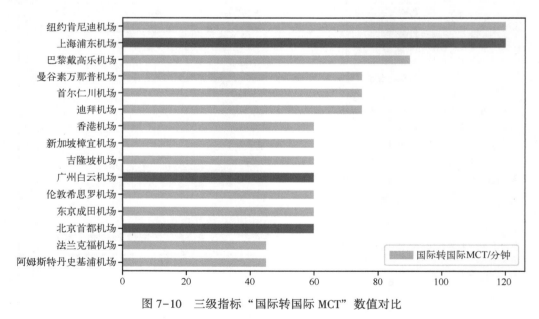

图 7-10　三级指标"国际转国际 MCT"数值对比

六、"航班最短衔接时间"评价结论

在航班衔接时间方面,法兰克福机场、伦敦希思罗机场、迪拜机场、阿姆斯特丹史基浦机场等做的相对较好,机场中转衔接效率较高。相比而言,北京、上海及广州的航空枢纽在航班衔接方面不具备竞争力，航班衔接时间偏长，尤其是上海浦东机场，需要向其他国际枢纽学习。

影响航班最短衔接时间（MCT）的因素较多，如国际航班行李是否通程直挂、海关联检单位的口岸便利性、旅客安检流程效率、机场自助设备应用程度等都会影响中转效率。欧洲航空枢纽通过采取较为高效的措施来简化流程，提升中转效率。例如，法兰克福机场国际航班行李通程直挂，航站楼 A 登机区和 B 登机区之间设有 Skyline 高架轻轨列车、航站楼接驳巴士，可使旅客快速舒适地从到达口直达登机口，两座航站楼设有多条极速快线，方便旅客快速中转。阿姆斯特丹史基浦机场将需要安检的到达中转旅客与无须安检的到达中转旅客的登机口分离，使无须安检的旅客可直接前往出发区域登机口，缩减时间。伦敦希思罗机场推出人脸识别安检服务，旅客在整个登机流程中，可通过全程"刷脸"快速通行。

第四节　二级指标"枢纽综合交通接驳效率"评价

一、"枢纽综合交通接驳效率"评价结果

"枢纽综合交通接驳效率"指与国际航空枢纽连接的交通运输方式平均换乘时间，反映旅客在国际航空枢纽的综合交通换乘效率情况。在"枢纽综合交通接驳效率"评价分值中，伦敦希思罗机场得分 0.952，排名第 1，其次是法兰克福机场得分 0.738。广州白云机场、北京首都机场和上海浦东机场分别位居第 9、13 和 15 名。相比于其他国际航空枢纽，我国内地主要国际航空枢纽的综合交通接驳效率还有待提升。各国际航空枢纽"枢纽综合交通接驳效率"评价分值具体情况见图 7-11。

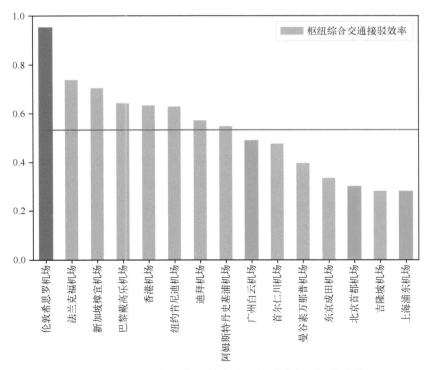

图 7-11　二级指标"枢纽综合交通接驳效率"评价分值

"枢纽综合交通接驳效率"评价结果受"铁路接驳效率""公路接驳效率""城市轨道交通接驳效率"等3个三级指标影响。

二、三级指标"铁路接驳效率"

在参评的15个国际航空枢纽中，有铁路站连接的共有6个，分别是法兰克福机场、阿姆斯特丹史基浦机场、巴黎戴高乐机场和伦敦希斯罗机场4个欧洲航空枢纽；首尔仁川机场和东京成田机场2个东北亚地区航空枢纽。航空枢纽内有铁路接入的，旅客基本能在15分钟内完成换乘，这6个国际航空枢纽铁路接驳效率按照给分规则均为5分。北京首都机场、上海浦东机场与广州白云机场均没有铁路直接接入，需通过其他连接方式衔接，铁路接驳效率相对偏低。各参评国际航空枢纽"铁路接驳效率"具体情况见表7-1。

表7-1　各参评国际航空枢纽"铁路接驳效率"具体情况

序号	机场名称	铁路接驳效率
1	法兰克福机场	机场内有铁路线路穿过，平均换乘时间≤15分钟
2	首尔仁川机场	机场内有铁路线路穿过，平均换乘时间≤15分钟
3	阿姆斯特丹史基浦机场	史基浦机场火车站在机场下方，平均换乘时间≤15分钟
4	巴黎戴高乐机场	航站楼内有TGV，平均换乘时间≤15分钟
5	伦敦希思罗机场	机场内有铁路线路穿过，平均换乘时间≤15分钟
6	东京成田机场	机场内有铁路穿过，平均换乘时间≤15分钟
7	纽约肯尼迪机场	乘坐Air Train到牙买加车站可以在15分钟内到达
8	香港机场	驾车到九龙站或者香港站30分钟左右
9	曼谷素万那普机场	驾车到火车站约30分钟
10	新加坡樟宜机场	驾车30分钟以内到达火车站
11	广州白云机场	机场内无铁路线路穿过，乘坐地铁约30分钟到达广州北站
12	北京首都机场	机场内无铁路线路穿过，驾车到张辛站约30分钟
13	上海浦东机场	驾车约49分钟到达上海南站
14	吉隆坡机场	机场内无铁路线路穿过，通过Line 7 KLIA Transit约51分钟到达最近的火车站
15	迪拜机场	阿联酋无铁路站

在"铁路接驳效率"评价结果中，法兰克福机场、阿姆斯特丹史基浦机场、巴黎戴高乐机场、伦敦希斯罗机场、首尔仁川机场和东京成田机场的铁路接驳效率较高。广州白云机场、北京首都机场与上海浦东机场综合交通缺乏铁路的接入，铁路接驳效率偏低。各参评国际航空枢纽"铁路接驳效率"指标数值对比见图7-12。

三、三级指标"公路接驳效率"

在"公路接驳效率"指标上得分最高的是香港机场。香港机场的公交和巴士类型非常丰富，机场连接市区的有机场公交（A线）、对外公交（E线）、通宵公交（N线）、机场及东涌区内公交（S线），以及居民公交。此外，香港机场还有与内地连接的跨境机场大巴。其公交和机场巴士均有24小时运营的线路，且发车频次较高。各参评国际航空枢纽"公路接驳效率"具体情况见表7-2。

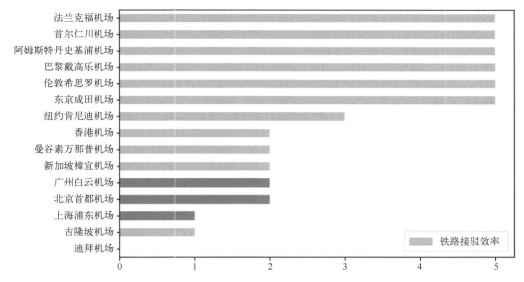

图 7-12 三级指标 "铁路接驳效率" 数值对比

表 7-2 各航空枢纽 "公路接驳效率" 具体情况

序号	机 场 名 称	公路接驳效率
1	香港机场	1. 公交：运营时长大于 18 小时，20 分钟一班；有 24 小时运营的公交线路
		2. 机场巴士：运营时长一般为 12~18 小时，30 分钟一班；有 24 小时运营的机场巴士
2	伦敦希思罗机场	1. 公交：24 小时运营，发车频率 30 分钟一班
		2. 机场巴士：24 小时运营，发车频率 30 分钟一班
3	新加坡樟宜机场	1. 公交：运营时间为 6:00—24:00，10 分钟一班
		2. 机场巴士：运营时间为 6:00—24:00，15~30 分钟一班
4	法兰克福机场	1. 公交：运营时长约为 19 小时，频次约 15 分钟一班
		2. 机场巴士：运营时长约为 19 小时，30~60 分钟一班
5	迪拜机场	1. 公交：运营时间为 5:00—21:00，发车频率 20 分钟一班
		2. 机场巴士：运营时长为 24 小时，30 分钟一班
6	广州白云机场	1. 公交：708 公交运营时间约 15 小时，高峰 5 分钟一班，低峰 10 分钟一班
		2. 机场巴士：空港快线 1 号线全天运营，42 分钟一班
7	首尔仁川机场	1. 公交：205 公交运营时长超过 18 小时，10~15 分钟一班
		2. 机场巴士：机场大巴运营时长为 15 小时，1 小时一班
8	巴黎戴高乐机场	1. 公交：运营时长为 16 小时，15~20 分钟一班
		2. 机场巴士：运营时长为 14~15 小时，发车频率 15 分钟一班
9	纽约肯尼迪机场	1. 公交：运营时间为 6:00—23:30，20~30 分钟一班
		2. 机场巴士：运营时长大于 18 小时，30 分钟一班
10	曼谷素万那普机场	1. 公交：运营时间为 5:00—24:00，30 分钟一班
		2. 机场巴士：运营时间为 7:00—22:00，1 小时一班
11	上海浦东机场	1. 公交：运营时间为 7:10—18:45，发车间隔为 30~45 分钟一班
		2. 机场巴士：最优的一条线路运营时间和频次是：7:00—23:00，15~20 分钟一班
12	吉隆坡机场	1. 无市政公交
		2. 机场巴士：运营时长约 19 小时，高峰时段 10~15 分钟一班
13	阿姆斯特丹史基浦机场	1. 397 路机场快线（属于市政公交）约 15 分钟一班，运营时长约 18 小时
		2. 无机场巴士

续表

序号	机 场 名 称	公路接驳效率
14	东京成田机场	1. 无市政公交
		2. 机场巴士：运营时间为 7：35—23：40，发车频率为 30 分钟一班
15	北京首都机场	1. 无市政公交
		2. 机场巴士：运营时间为 8：30—次日 1：00，30 分钟一班

在"公路接驳效率"评价结果中，北京、上海及广州的航空枢纽公路接驳效率较低。广州白云机场、上海浦东机场和北京首都机场排第 6 名、第 11 名和第 15 名。各参评国际航空枢纽"公路接驳效率"得分数据对比见图 7-13。

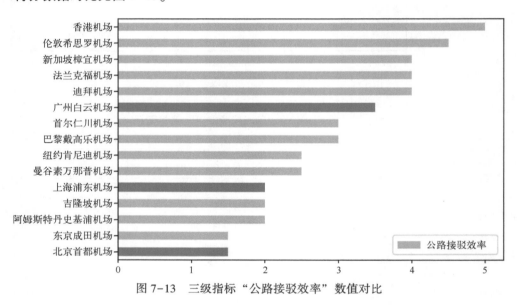

图 7-13 三级指标"公路接驳效率"数值对比

四、三级指标"城市轨道交通接驳效率"

在 15 个参评国际航空枢纽中，城市轨道交通接驳效率最高的是纽约肯尼迪机场。纽约肯尼迪机场通过 Air Train 连接附近的地铁站和火车站。Air Train 共 3 条线路，一条连接公交车站等，一条连接牙买加火车站，一条是航站楼环线，且肯尼迪机场的 Air Train 为 24 小时运营，5 分钟一班，发车频繁。上海浦东机场通有地铁 2 号线，发车时间间隔 10 分钟，且通有磁悬浮列车，发车频次为 20 分钟，有效地提高了机场城市轨道交通接驳效率。上海浦东机场城市轨道交通接驳效率在参评枢纽中排名第 3。广州白云机场和北京首都机场均有地铁线路，但与其他国际航空枢纽相比，通达频次有待提升。各参评国际航空枢纽"城市轨道交通接驳效率"具体情况见表 7-3。

表 7-3 各参评国际航空枢纽"城市轨道交通接驳效率"具体情况

序号	机 场 名 称	城市轨道交通接驳效率
1	纽约肯尼迪机场	Air Train24 小时运营，5 分钟一班
2	新加坡樟宜机场	地铁运营时间：5：30—23：30，5~8 分钟一班
3	上海浦东机场	1. 地铁运营时间 6：00—23：00，10 分钟一班
		2. 磁悬浮列车浦东机场出发（7：02—21：42），20 分钟一班
4	法兰克福机场	城市铁路（S-Bahn）站，全天 24 小时开放，平日每 15 分钟开出一班

续表

序号	机场名称	城市轨道交通接驳效率
5	阿姆斯特丹史基浦机场	每10~15分钟一趟，24小时运营（2:00—5:00点为1小时一趟）
6	伦敦希思罗机场	地铁：5:12—23:42；发车频率5分钟
7	迪拜机场	地铁：早晨5:00—次日凌晨1:00，发车频率10分钟
8	香港机场	港铁快线每天5:54—23:28运营，每10分钟开出一班
9	曼谷素万那普机场	机场快线运营时间：每天6:00—24:00，15~30分钟一班
10	吉隆坡机场	机场快线运营约20小时，高峰时段15分钟一班，非高峰时段20分钟一班
		通勤列车运营约19小时，高峰时段15分钟一班，非高峰时段及周末30分钟一班
11	广州白云机场	广州3号线平均运营时长15小时45分钟，发车间隔高峰2分钟，低峰3分30秒
12	巴黎戴高乐机场	巴黎郊区快线B线（REB）：5:00—23:00，18小时；发车频率：10~20分钟
13	首尔仁川机场	直通列车运营时间约为17.5小时，频次在20~40分钟不等
14	北京首都机场	地铁：6:00—22:30运营，发车频率10分钟
15	东京成田机场	地铁：7:00—21:00，发车频率20分钟

在"城市轨道交通接驳效率"评价结果中，纽约肯尼迪机场排名第1。各参评国际航空枢纽"城市轨道交通接驳效率"得分数据对比见图7-14。

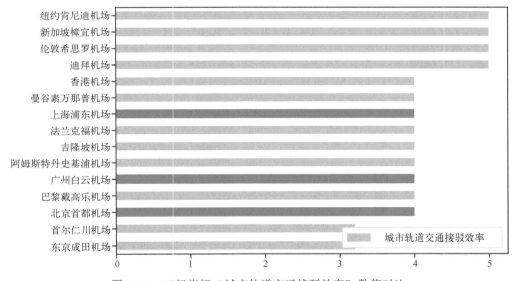

图7-14 三级指标"城市轨道交通接驳效率"数值对比

五、"枢纽综合交通接驳效率"评价结论

北京、上海及广州三大国际航空枢纽在"枢纽综合交通接驳效率"指标上优势不明显，尤其"铁路接驳效率"和"公路接驳效率"是需要重点提升的方面。《国家综合立体交通网规划纲要》中明确提出，要推进国家综合交通枢纽一体化规划建设，加强铁路、公路客运枢纽及机场与城市公交网络系统有机整合，构建现代高质量综合立体交通网。《浦东新区综合交通体系建设"十四五"规划》《广州白云国际机场综合交通枢纽整体交通规划（修编）》等文件中也明确指出，加强将铁路交通网和轨道交通网引入机场，推动空铁联运发展建设。未来我国国际航空枢纽综合交通接驳效率将会得到进一步改善，在"枢纽综合交通接驳效率"指标上有较大的提升空间。

第八章
"国际航空枢纽运行效率及服务"评价

　　"国际航空枢纽运行效率及服务"是国际航空枢纽竞争力评价的第四个一级指标。本章对 15 个国际航空枢纽在"国际航空枢纽运行效率及服务"指标上的"设施设备生产率""运行效率""运营航空公司情况"等方面进行评价，识别出我国北京、上海及广州三大国际航空枢纽在运行效率及服务方面的优势，以及需要加强、提升的方面。

第一节 "国际航空枢纽运行效率及服务"综合评价

　　除香港机场外，北京、上海、广州三大国际航空枢纽在"国际航空枢纽运行效率及服务"指标上，排位靠后，且均低于平均值 0.523。上海浦东机场得分 0.503 分，排名第 9；广州白云机场得分 0.487，略低于上海浦东机场，排名第 10；北京首都机场得分 0.431，排第 14 名。各参评国际航空枢纽一级指标"国际航空枢纽运行效率及服务"综合评价分值见图 8-1。

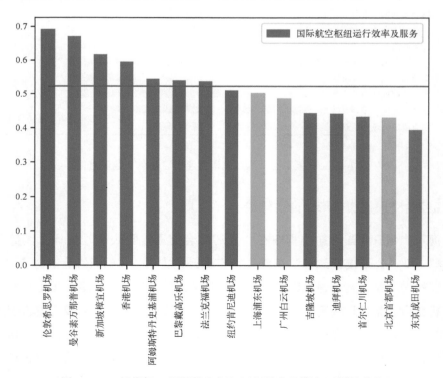

图 8-1　一级指标"国际航空枢纽运行效率及服务"评价分值

"设施设备生产率""运行效率""运营航空公司情况"等二级指标对"国际航空枢纽运行效率及服务"的评价结果有着直接的影响,下面对二级指标展开分析。

第二节 二级指标"设施设备生产率"评价

一、"设施设备生产率"评价结果

"设施设备生产率"指标综合反映国际航空枢纽设施资源的保障能力及使用效率。在15个参评国际航空枢纽中,排名第1的枢纽是伦敦希思罗机场,得分为0.826,北京首都机场和上海浦东机场在该指标得分分值分别为0.504、0.453,高于平均值0.419,两枢纽分别排第4名、第6名。广州白云机场在该项指标得分为0.327,排在第10名。总的来看,我国国际航空枢纽设施设备生产率与排名第1的航空枢纽差距较大。各参评国际航空枢纽"设施设备生产率"评价分值具体情况见图8-2。

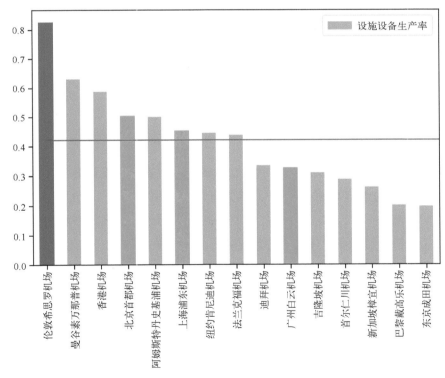

图8-2 二级指标"设施设备生产率"评价分值

"设施设备生产率"下设有"单位航站楼面积旅客吞吐量"与"单位跑道起降架次"2个三级评价指标。

二、三级指标"单位航站楼面积旅客吞吐量"

"单位航站楼面积旅客吞吐量"指国际航空枢纽年度平均单位面积航站楼完成的旅客吞吐量，反映国际航空枢纽基础设施使用效率。上海浦东机场是我国内地三大国际航空枢纽中单位航站楼面积旅客吞吐量超过 100 人次/平方米的航空枢纽，排在第 4 名。北京首都机场单位航站楼面积旅客吞吐量为 70.93 人次/平方米，排在第 9 名。广州白云机场则排在第 12 名，单位航站楼面积旅客吞吐量为 52.58 人次/平方米。各参评国际航空枢纽在该指标的具体数值见图 8-3。

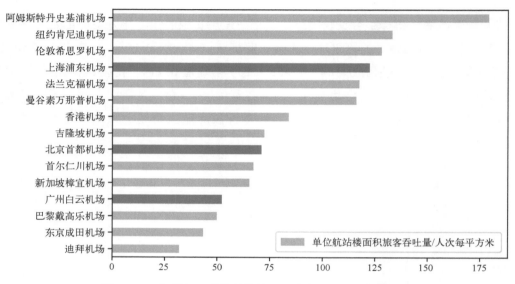

图 8-3　三级指标"单位航站楼面积旅客吞吐量"数值对比

在参加评估的 15 个国际航空枢纽中，单位航站楼面积旅客吞吐量排名第 1 的是阿姆斯特丹史基浦机场，该航空枢纽 2019 年以面积约 40 万平方米单体航站楼承运 7 170.7 万人次旅客，单位航站楼面积旅客吞吐量超过 175 人次/平方米，具有极高的使用效率。阿姆斯特丹史基浦机场在航站楼的高效运转、特色机场打造和中转枢纽的形成等方面值得学习。

三、三级指标"单位跑道起降架次"

"单位跑道起降架次"指国际航空枢纽年度平均单位跑道完成的航班起降架次，反映国际航空枢纽跑道的使用效率。该指标位于前 5 的国际航空枢纽是伦敦希思罗机场、香港机场、北京首都机场、曼谷素万那普机场和迪拜机场。这 5 个国际航空枢纽的单位跑道起降架次均在 18 万架次/跑道以上。在我国内地三个主要航空枢纽中，北京首都机场以 19.81 万架次/跑道，排名第 3。广州白云机场在该指标的评价中排名第 6，完成 16.29 万架次/跑道，处于中等偏上水平。上海浦东机场以 12.80 万架次/跑道，排名第 12。各参评国际航空枢纽在"单位跑道起降架次"指标上的具体数值见图 8-4。

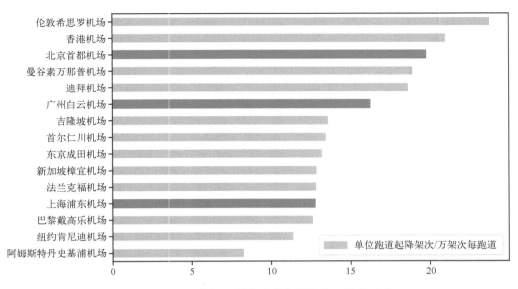

图 8-4 三级指标"单位跑道起降架次"数值对比

四、"设施设备生产率"评价结论

在"设施设备生产率"指标表现方面，伦敦希思罗机场的设施设备生产率最高，在"单位航站楼面积旅客吞吐量"和"单位跑道起降架次"评估中位于第 3 和第 1 名，体现出了航空枢纽较高的管理水平和运营能力。阿姆斯特丹史基浦机场有最高的单位航站楼面积旅客吞吐量评分。我国内地三个主要国际航空枢纽在"设施设备生产率"指标上，均排名较为靠后。从单位航站楼面积旅客吞吐量来看，北京首都机场航站楼运营效率处于中等水平，上海浦东机场单位航站楼面积旅客吞吐量具有一定优势，广州白云机场航站楼的运营效率有待提高。从单位跑道起降架次来看，北京首都机场的跑道效率比较高，广州白云机场跑道效率中等偏上。受空域资源及跑道构型等方面影响，上海浦东机场跑道效率较低。

第三节 二级指标"运行效率"评价

一、"运行效率"评价结果

"运行效率"指标反映国际航空枢纽在航班保障能力方面的综合情况。我国北京、上海、香港与广州国际航空枢纽在"运行效率"上的综合得分均较低，均低于 15 个国际参评航空枢纽的平均值。上海浦东机场以 0.520 排名第 9；广州白云机场以 0.498 排名第 11；北京首都机场以 0.278 排名第 15；香港机场排名第 12。该指标综合评估得分最高的是新加坡樟宜机场，为 0.946；排第 2 名的是曼谷素万那普机场。各参评国际航空枢纽在"运行效率"指标上的综合评分如图 8-5 所示。

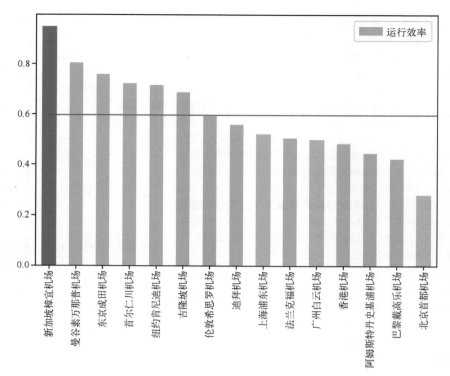

图 8-5　二级指标"运行效率"评价分值

"运行效率"指标受"航班正常率"和"航班执行率"2 个三级指标影响，接下来对该二级指标下的三级指标展开分析。

二、三级指标"航班正常率"

在 15 个参评国际航空枢纽中，航班正常率在 80% 以上的共有 5 个枢纽，其中航班正常率最高的是新加坡樟宜机场（84.70%）。上海浦东机场、广州白云机场在该项指标上分别排名第 3、第 4，两机场总体航班正常率水平较高。北京首都机场平均航班正常率为 79.12%，排名第 7。各参评国际航空枢纽"航班正常率"数值对比如图 8-6 所示。

疫情前，天气原因一般是造成航班延误和取消的主要原因。2020 年，在中国民用航空安全信息统计分析报告披露的数据中，因天气意外引发的航空运输征候占到 89.13%。此外，航班正常性还受到空域管制、流量控制等多种因素的影响。

三、三级指标"航班执行率"

参评的 15 个国际航空枢纽在"航班执行率"指标上的差距不大，均在 93% 以上，航班执行率最高的是首尔仁川机场，为 99.60%。排在第 12 位的香港机场，航班执行率为 97.83%，与第 1 名仅相差 1.77 个百分点。我国内地三个国际航空枢纽航班执行率在 15 个机场中排名最后，航班执行率最低的是北京首都机场，为 93.51%。广州白云机场的航班执行率略高于北京首都机场和上海浦东机场。各参评国际航空枢纽"航班执行率"数值对比见图 8-7。

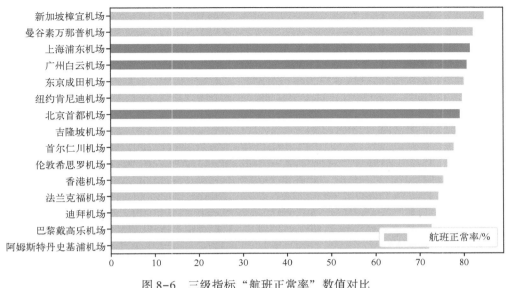

图 8-6 三级指标"航班正常率"数值对比

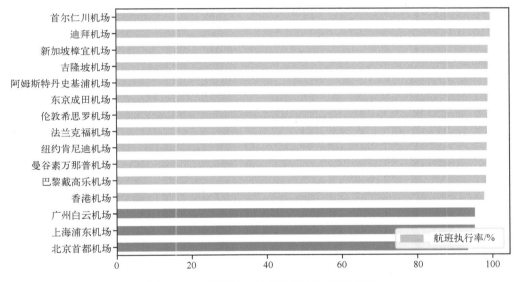

图 8-7 三级指标"航班执行率"数值对比

四、"运行效率"评价结论

航班正常率和航班执行率在一定程度上反映了民航运输的服务质量，同时也是国际枢纽竞争力的体现。从航班正常率来看，我国参评国际航空枢纽航班正常率排名均较为靠前，机场为航空公司和旅客提供正常航班服务的能力较强。内地三个国际航空枢纽中，北京首都机场稍落后于上海浦东机场、广州白云机场。从航班执行率来看，我国国际航空枢纽航班执行率排名均靠后，航班运行的综合协调能力及航班保障能力还有继续提升空间。

第四节　二级指标"运营航空公司情况"评价

一、"运营航空公司情况"评价结果

"运营航空公司情况"指标综合反映航空公司对国际航空枢纽发展的支撑程度。航空运输企业是国际航空枢纽建设中最能动的要素，运营航空公司自身的运力规模、占据的市场份额，是国际航空枢纽建设的关键要素。在"运营航空公司情况"指标上，得分最高的是巴黎戴高乐机场。广州白云机场在该项指标上得分 0.635，排名第 7，与排名第 5 的伦敦希思罗机场（0.657）、排名第 6 的新加坡樟宜机场（0.643）得分差距不大。上海浦东机场、北京首都机场排名较为靠后，均低于平均值 0.553。"运营航空公司情况"综合评价结果如图 8-8 所示。

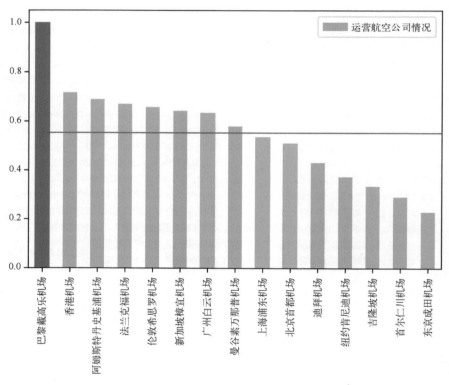

图 8-8　二级指标"运营航空公司情况"评价分值

"运营航空公司情况"受"首位航空公司市场份额""运营航空公司数量"这两个三级评估指标的影响，接下来对影响该指标的三级指标展开分析。

二、三级指标"首位航空公司市场份额"

"首位航空公司市场份额"指在国际航空枢纽运营的运力投入规模最大的航空公司占航空枢纽全部运力的份额，反映规模最大的航空公司对国际航空枢纽建设的支持程度。该指标作为适中指

标，在航空枢纽运营的航空公司市场份额过于集中，在一定程度上会存在航空公司运营模式单一、竞争性低、部分市场垄断经营等系列问题。同时，"国内—国内" "国际—国内" "国内—国际" "国际—国际" 等空空中转产品的打造都离不开主基地航空公司的支持，若在航空枢纽运营的航空公司运力较为分散，则不利于航线网络结构的优化，也不利于实现航空枢纽运输规模的增长。因此，选取 50% 为 "首位航空公司市场份额" 指标的最优值。

南航是广州白云机场市场份额占比最多的航空公司，为 47.80%。国航是北京首都机场市场份额占比最高的航空公司，2019 年市场份额为 39.37%。随着北京大兴机场的投运，东航、南航等航空公司的转场，在 2020—2021 年，国航在北京首都机场的市场份额进一步提升。东航是上海浦东机场市场份额占比最多的航空公司，为 36.33%。各参评国际航空枢纽 "首位航空公司市场份额" 数值对比见图 8-9。

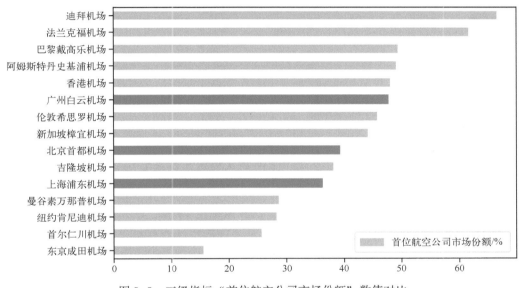

图 8-9 三级指标 "首位航空公司市场份额" 数值对比

巴黎戴高乐机场、阿姆斯特丹史基浦机场、香港机场首位航空公司市场份额分别为 49.38%，49.07%、48.03%，非常接近 50% 的最优占比。在首位航空公司市场份额评估中，巴黎戴高乐机场得分为 1，阿姆斯特丹史基浦机场得分为 0.991、香港机场得分为 0.960，广州白云机场得分与以上三个机场较为接近。反观首位航空公司市场份额占比最高的迪拜机场及占比较低的东京成田机场、首尔仁川机场在首位航空公司市场份额评估中排名却较为靠后。各参评国际航空枢纽 2019 年 "首位航空公司市场份额" 情况如表 8-1 所示。

表 8-1 各参评国际航空枢纽 2019 年 "首位航空公司市场份额" 情况

机　　场	首位航空公司市场份额	首位航空公司名称
巴黎戴高乐机场	49.38%	法荷航
阿姆斯特丹史基浦机场	49.07%	法荷航
香港机场	48.03%	国泰
广州白云机场	47.80%	南航

续表

机　　场	首位航空公司市场份额	首位航空公司名称
伦敦希思罗机场	45.78%	英航
新加坡樟宜机场	44.19%	新航
北京首都机场	39.37%	国航
法兰克福机场	61.64%	汉莎航空
吉隆坡机场	38.18%	亚洲航空
上海浦东机场	36.33%	东航
迪拜机场	66.54%	阿联酋航空
曼谷素万那普机场	28.69%	泰国航空
纽约肯尼迪机场	28.28%	达美航空
首尔仁川机场	25.72%	大韩航空
东京成田机场	15.59%	全日空航空

三、三级指标"运营航空公司数量"

"运营航空公司数量"指在国际航空枢纽运营的所有航空公司数量之和，反映国际航空枢纽运力结构及航空公司运营丰富度情况。2019 年，上海浦东机场运营航空公司共有 89 家，比排名第 1 的巴黎戴高乐机场运营航空公司数量少 31 家、比排名第 2 的曼谷素万那普机场运营航空公司数量少 18 家、与排名第 3 的法兰克福机场运营航空公司数量相差 12 家。广州白云机场与北京首都机场运营航空公司数量相同，均为 81 家，并列 12 名。各参评国际航空枢纽"运营航空公司数量"数值对比如图 8-10 所示。

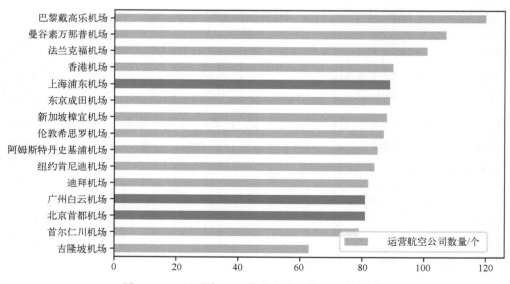

图 8-10　三级指标"运营航空公司数量"数值对比

四、"运营航空公司情况" 评价结论

整体来看，我国内地三大国际航空枢纽在"运营航空公司情况"二级指标上，仅广州白云机场排名居中，得分分值略高于平均值，上海浦东机场、北京首都机场均低于平均值。在首位航空公司占比方面，除上海浦东机场外，广州白云机场、北京首都机场的首位航空公司对其枢纽建设的支持程度比较明显。在运营航空公司数量方面，北京首都机场、上海浦东机场与广州白云机场运营航空公司数量差距不大，在"运营航空公司数量"指标上，机场运力结构及航空公司运营丰富度情况还有待提升。

第九章
"国际航空枢纽财务品质"评价

"国际航空枢纽财务品质"是国际航空枢纽竞争力在财务管理、财务产出方面竞争能力的表现。该指标是全球主要国际航空枢纽竞争力评价的第五个一级指标。本章将对 15 个参评国际航空枢纽的"国际航空枢纽财务品质"指标进行综合评估，并对相对应的二级指标、三级指标进行研究，探析全球主要国际航空枢纽在"国际航空枢纽财务品质"指标上的竞争力水平差异情况。

第一节 "国际航空枢纽财务品质"综合评价

在 15 个参评国际航空枢纽中，香港机场在该指标上综合评分最高，位列第 1 名，得分 0.820；其次是首尔仁川机场，得分 0.737。15 个参评枢纽机场中，有 8 个机场的得分超过平均值水平（0.573 分），北京、上海与广州的三大国际航空枢纽中，仅上海浦东机场的得分超过 15 个国际参评枢纽得分的平均值，排第 3 名。北京首都机场在 15 个参评枢纽中排第 9 名，广州白云机场排第 14 名。各参评航空枢纽"国际航空枢纽财务品质"评价分值见图 9-1。

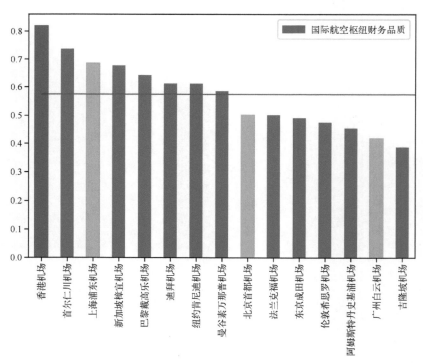

图 9-1　一级指标"国际航空枢纽财务品质"评价分值

"国际航空枢纽财务品质"指标下设"运营收入情况""盈利能力""偿债能力"等 3 个二级指标。

第二节　二级指标"营运收入情况"评价

一、"营运收入情况"评价结果

"营运收入情况"反映国际航空枢纽在进行财务经营活动当中的总体收入水平情况。营运收入作为国际航空枢纽持续经营的主要收入来源，是客户对国际航空枢纽经营活动承认的最终结果，能够有效反映国际航空枢纽经营成果。在 15 个参评国际航空枢纽中，首尔仁川机场在营运收入情况评价分值得分最高，为 0.853 分，位列第 1。之后依次是香港机场（0.714）、新加坡樟宜机场（0.696）、伦敦希思罗机场（0.665）、上海浦东机场（0.501）和法兰克福机场（0.503），这 5 个国际航空枢纽的营运收入情况综合得分均超过了平均值（0.459）。迪拜机场（0.459）、纽约肯尼迪机场（0.459）、北京首都机场（0.448）和巴黎戴高乐机场（0.446）等 4 个国际航空枢纽的营运收入得分位于平均值线左右。各参评国际航空枢纽"营运收入情况"评价结果如图 9-2 所示。

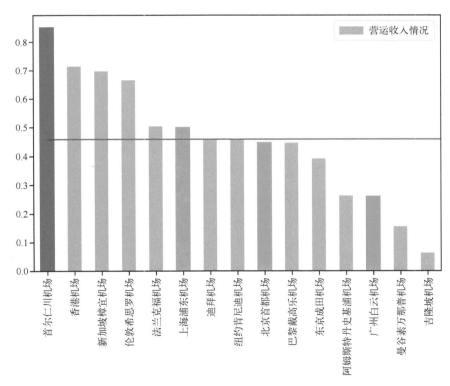

图 9-2　二级指标"营运收入情况"评价分值

"营运收入情况"受"总收入""非航收入""非航收入占比""人均旅客非航收入贡献"等 4 个三级评价指标的影响。

二、三级指标"总收入"

"总收入"指国际航空枢纽在从事航空性业务、非航业务等经营业务过程中所形成的经济利益的总收入。在 15 个参评国际航空枢纽中，伦敦希思罗机场 2019 年的总收入最高，远超其他航空枢纽。我国上海浦东机场和北京首都机场的总收入排名相对居中，分别是第 8 名和第 9 名，广州白云机场的排名较为靠后，为第 12 名。我国大型国际航空枢纽总收入情况与排名第 1 位的伦敦希思罗机场还有较大的差距。各参评国际航空枢纽"总收入"数值对比如图 9-3 所示。

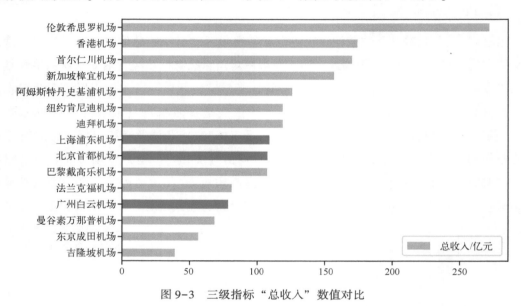

图 9-3 三级指标"总收入"数值对比

三、三级指标"非航收入"

"非航收入"指在国际航空枢纽的经营范围内，通过提供停车场、行李托运、VIP 服务、商铺租赁、地面服务、广告、免税、旅游等非航空性业务获得的收入。从本质上来看，这是一种流量变现，国际航空枢纽通过各种商业模式变现流量获得收入，总流量和流量类型是影响非航收入的重点。在 15 个参评国际枢纽中，首尔仁川机场的非航收入占比最高，2019 年非航收入取得 114.43 亿元的好成绩。仁川机场商业发展起步较早、发展较为成熟，商业收入在非航收入中占比极高，且主要由免税收入构成。对比我国内地主要国际航空枢纽，2019 年上海浦东机场非航收入为 68.61 亿元，排第 5 名。北京首都机场 2019 年的非航收入为 67.22 亿元，排第 9 名，处于中等偏下水平。广州白云机场非航收入排名较为靠后，2019 年为 41.63 亿元，排第 13 名。各参评国际航空枢纽"非航收入"数值对比如图 9-4 所示。

四、三级指标"非航收入占比"

"非航收入占比"指非航业务收入在国际航空枢纽营业收入中的比重，反映非航业务的总体价值贡献程度。在 15 个参评国际航空枢纽中，法兰克福机场的非航收入占比最高，高达 72.29%。法

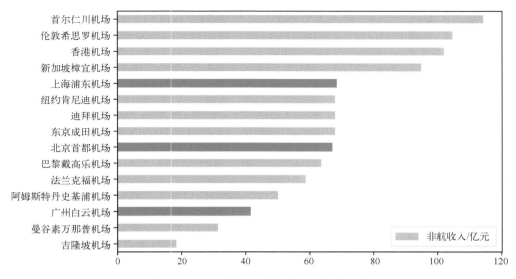

图 9-4 三级指标"非航收入"数值对比

兰克福机场总收入相对较少,非航收入的绝对值虽然不高,但占比却很高。其次是首尔仁川机场,非航收入占比为 67.12%。我国上海浦东机场和北京首都机场的非航收入占比,分别位列第 3 名和第 4 名。广州白云机场非航业务占比为 52.9%,位列第 11 名。各参评国际航空枢纽"非航收入占比"数值对比如图 9-5 所示。

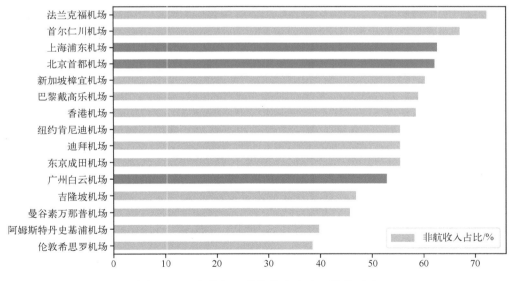

图 9-5 三级指标"非航收入占比"数值对比

五、三级指标"人均旅客非航收入贡献"

"人均旅客非航收入贡献"指平均每单位旅客对国际航空枢纽非航业务贡献情况,反映国际航空枢纽服务区域单位旅客的非航经济价值情况。将各参评国际航空枢纽的"人均航空非航收入贡献"指标的货币单位统一换算为人民币之后,各参评国际航空枢纽"人均旅客非航收入贡献"数值对比见图9-6。首尔仁川机场、新加坡樟宜机场、香港机场和伦敦希思罗机场的人均旅客非航收入贡献位于第一梯队，均在120元/人之上。纽约肯尼迪机场、迪拜机场、东京成田机场、上海浦东机场、巴黎戴高乐机场和法兰克福机场等5个国际航空枢纽的人均旅客非航收入贡献位于第二梯队，基本在80~92元/人之间。阿姆斯特丹史基浦机场、北京首都机场、广州白云机场、曼谷素万那普机场和吉隆坡机场的非航收入贡献位于第三梯队，人均旅客非航收入在29~71元/人之间。从中长期来看，国际旅客占比提升、中转旅客占比提升，可有效提升人均非航收入贡献，而国际旅客占比、中转旅客占比提升本身也是建设国际航空枢纽的必经之路。

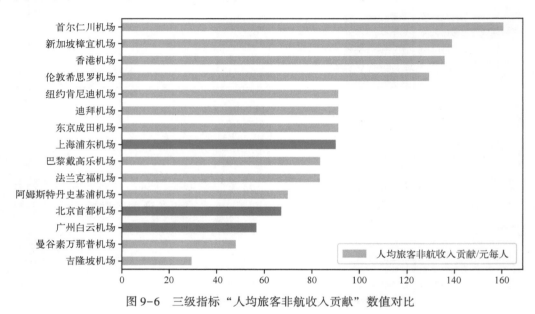

图9-6 三级指标"人均旅客非航收入贡献"数值对比

六、"营运收入情况"评价结论

从"营运收入情况"指标以及其下属三级指标综合来看，我国内地的国际航空枢纽总收入水平在15个参评国际航空枢纽中排名中并不高。上海浦东机场的营运收入情况位于中上游水平，而北京首都机场和广州白云机场的营运收入情况位于中下游水平。在非航收入占比结构上逊于其他国际航空枢纽，在人均旅客非航收入贡献的绝对值上更是差距显著。观察可知，非航收入在国际航空枢纽占比一般超过50%，也是真正决定机场盈利能力的收入来源。目前我国内地主要国际航空枢纽在较大流量变现能力方面尚有较大提升空间。

第三节 二级指标"盈利能力"评价

一、"盈利能力"评价结果

"盈利能力"指国际航空枢纽在一定时期内收益数额的多少及其水平的高低，综合反映国际航空枢纽获取利润的能力。通过盈利能力的评价，可以帮助经营者发现经营管理环节出现的问题，有利于国际航空枢纽进一步发展。我国参评的国际航空枢纽中，除香港机场的盈利能力得分最高为0.867分外，北京、上海与广州三大国际航空枢纽的得分均较为靠后。紧跟香港机场之后的有首尔仁川机场（0.792分）、巴黎戴高乐机场（0.752分）和新加坡樟宜机场（0.669分），这三个国际航空枢纽的盈利能力综合评估得分远高于平均值水平。法兰克福机场（0.608分）、曼谷素万那普机场（0.601分）、迪拜机场（0.591分）、纽约肯尼迪机场（0.591分）和阿姆斯特丹史基浦机场（0.573分）的综合得分均在平均值（0.591分）水平附近，处于中等水平。上海浦东机场（0.558分）、北京首都机场（0.523分）、吉隆坡机场（0.500分）和广州白云机场（0.495分）的盈利能力综合得分较为靠后，说明除香港机场外，我国其他国际航空枢纽的盈利能力比国外大型国际航空枢纽的盈利能力要弱一些。15个参评国际航空枢纽的"盈利能力"评价结果见图9-7。

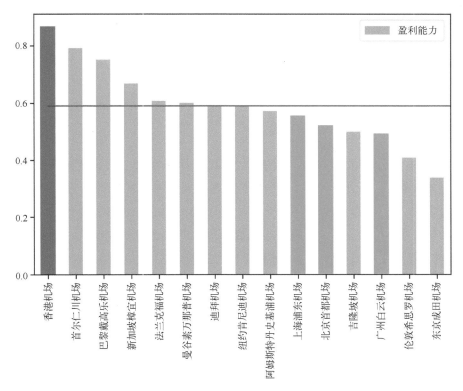

图9-7 二级指标"盈利能力"评价分值

"盈利能力"指标受"利润总额""净资产收益率""利润率"等3个三级评价指标的影响，接下来对影响该二级指标的三级指标展开分析。

二、三级指标"利润总额"

"利润总额"指国际航空枢纽在一定时期内通过生产经营活动所实现的最终财务成果。上海浦东机场利润总额66.68亿元，在15个评价机场中排名第6，与排名第1的香港机场（89.22亿元）相差悬殊。北京首都机场（32.29亿元）和广州白云机场（13.23亿元）利润总额排名靠后。15个参评国际航空枢纽的"利润总额"数值对比见图9-8。

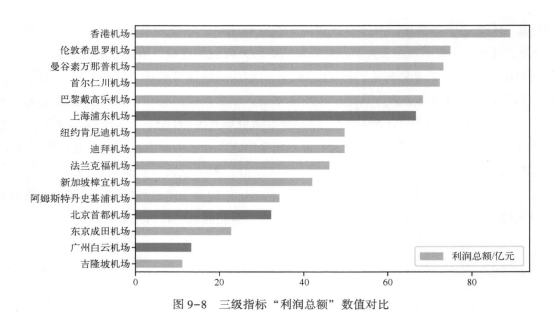

图 9-8 三级指标"利润总额"数值对比

三、三级指标"净资产收益率"

"净资产收益率"为公司税后利润与净资产的比值，用于衡量公司运用自有资本的效率，指标值越高，投资带来收益越高。上海浦东机场由于较高的毛利率，较低的管理费用率及较高投资能力，净资产收益率16.21%，仅次于伦敦希思罗机场（23.33%）。北京首都机场（9.69%）和广州白云机场（6.42%）净资产收益率偏低。这主要由于机场产能逐渐达到饱和，且通过不断建设航站楼及跑道来提升机场运营能力，而扩增项目需要巨大的资本投入，短期内拉低了机场净资产收益。15个参评国际航空枢纽的"净资产收益率"数值对比见图9-9。

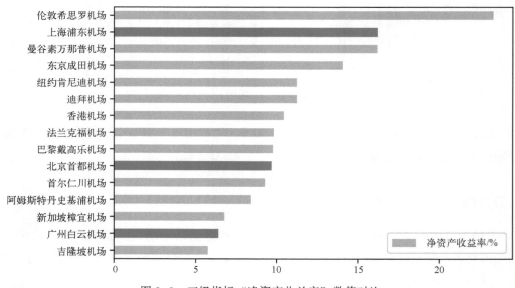

图 9-9 三级指标"净资产收益率"数值对比

四、"盈利能力" 评价结论

在盈利能力方面，我国北京、上海及广州航空枢纽整体盈利能力不及其他参评国际航空枢纽。上海浦东机场在利润总额方面和净资产收益率方面处于中上水平。北京首都机场和广州白云机场产能趋于饱和，进行扩建项目投运，在利润总额方面和净资产收益率方面处于较低水平。

第四节 二级指标 "偿债能力" 评价

一、"偿债能力" 评价结果

"偿债能力" 指国际航空枢纽用其资产偿还长期债务与短期债务的能力。国际航空枢纽有无偿还债务能力，是国际航空枢纽能否健康生存和发展的关键。偿债能力，静态地讲，就是用机场资产清偿企业债务的能力；动态地讲，就是用机场资产和经营过程创造的收益偿还债务的能力。在 15 个参评国际航空枢纽中，有 7 个偿债能力得分超过平均值。其中，上海浦东机场的偿债能力最高，其次是曼谷素万那普机场，香港机场偿债能力综合评价位于第 3 位。广州白云机场和北京首都机场排名较为靠后，未超过平均值。15 个参评国际航空枢纽 "偿债能力" 评价结果见图 9-10。

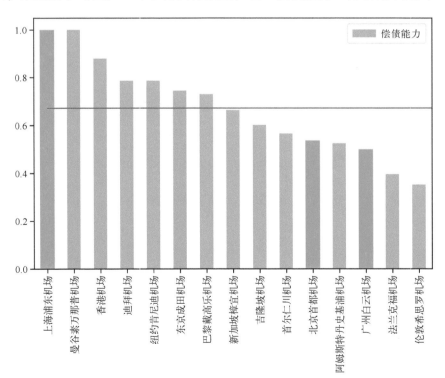

图 9-10 二级指标 "债偿能力" 评价分值

"偿债能力"受"资产负债率"与"流动比率"2个三级评价指标的影响,接下来对影响该二级指标的三级指标展开分析。

二、三级指标"资产负债率"

"资产负债率"指国际航空枢纽负债总额与资产总额的比值,用以衡量国际航空枢纽利用债权人提供资金进行经营活动的能力,以及反映债权人发放贷款的安全程度的指标,通过将机场的负债总额与资产总额相比较得出。15个参评国际航空枢纽资产负债率对比见图9-11。其中伦敦希思罗机场的资产负债率最高,为85.63%,负债比率远高于位列第2名的法兰克福机场,以及第3名的东京成田机场。我国内地三大国际航空枢纽中,广州白云机场的资产负债率最高,为34.14%;其次是北京首都机场,资产负债率为28.16%,上海浦东机场资产负债率较低,为12.7%。

2019年上海浦东机场的现金流现状最为乐观,有很强的偿债能力。虽然广州白云机场的现金生成能力和盈利质量均处于行业内的中上水平,但由于近些年的扩建规划,固定资产投资建设规模较大,导致债务急剧上升,对资金的需求也相应扩大。

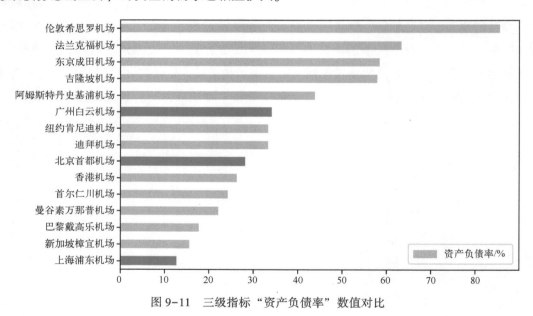

图9-11 三级指标"资产负债率"数值对比

三、三级指标"流动比率"

"流动比率"指流动资产总额和流动负债总额之比,用来衡量国际航空枢纽流动资产在短期债务到期以前,可以变为现金用于偿还负债的能力。一般来说,流动比率越高,说明枢纽机场资产的变现能力越强,短期偿债能力亦越强;反之则弱。15个参评国际航空枢纽"流动比率"数值对比如图9-12所示。其中,曼谷素万那普机场的流动比率最高,其次是上海浦东机场,说明上海浦东机场的短期清偿能力较强,究其主要原因是机场的现金流较多,且机场负债规模较小。北京首都机场和广州白云机场的流动比率排名较低,在15个参评国际航空枢纽中处于倒数位置。

北京首都机场与广州白云机场的流动比率处于同业较低水平,其流动资产对流动负债的覆盖程度较低，结合营运收入和盈利能力的分析，认为这两个枢纽的现金生成能力在同业中属于中等水平且盈利质量尚可，但与其他国际航空枢纽相比还有一定的差距。流动比率较弱主要是由于北京首都机场和广州白云机场 2019 年之前短期债务规模扩大所致。

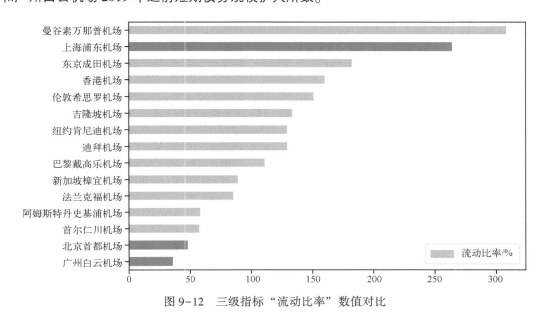

图 9-12　三级指标 "流动比率" 数值对比

四、"偿债能力" 评价结论

在 "偿债能力" 方面，我国北京、上海与广州三大国际航空枢纽中，上海浦东机场的表现最好，能够在 15 个参评国际航空枢纽中名列前茅。资产负债率过低表示枢纽机场的融资能力比较差，但是过高也不行，这会使机场财务风险过大。作为枢纽机场的经营者须把资产负债率控制在合适的比例，最好是在能够充分利用筹借资金给机场经营带来好处的同时使机场财务风险尽可能的低。同样流动比率也不是越高越好，需要有一个合理的界限。

第十章
国际航空枢纽竞争力评价结论

前述章节已经对 15 个国际航空枢纽各指标数据进行了评价与分析。本章对评价结果进行梳理，以判断我国主要国际航空枢纽在参评航空枢纽中所处位置，找出我国主要国际航空枢纽在竞争力提升方面的优势指标、需强化指标以及短板指标。

第一节　主要国际航空枢纽竞争力综合评价结果

通过对全球主要国际航空枢纽竞争力的综合评价可以看出，除香港机场外，我国其他主要国际航空枢纽的综合评价结果在 15 个国际参评枢纽中均处于平均分（0.467）之下，其中北京首都机场的得分为 0.458，排第 7 名；上海浦东机场的得分为 0.446，排第 10 名；广州白云机场的得分为 0.429，排第 12 名。各参评国际航空枢纽的综合评价结果见图 10-1。

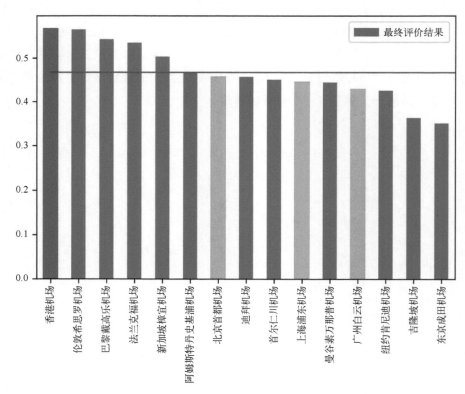

图 10-1　主要国际航空枢纽竞争力综合评价结果

根据 15 个参评国际航空枢纽在 5 个一级指标、15 个二级指标、38 个三级指标的排名，确定各国际航空枢纽在不同指标维度的优势指标、需强化指标以及短板指标。优势指标界定为排名前 3 位的指标，需强化的指标为排名在第 4~8 位的指标，短板指标为排名在第 9~15 位的指标。指标判断标准如表 10-1 所示。

表 10-1　参评国际航空枢纽优劣势指标判断分类

指标类型	判断标准	表示方式
优势指标	评价排名第 1~3 位	绿色字体
需强化指标	评价排名第 4~8 位	蓝色字体
短板指标	评价排名第 9~15 位	红色字体

第二节　我国主要国际航空枢纽优势指标

　　优势指标是指比其他国际航空枢纽表现突出的指标。本次评估选取我国内地国际航空枢纽排名在前 3 位的指标作为优势指标，在表格中用绿色字体表示。

一、北京首都机场

　　北京首都机场的一级优势指标有"国际航空枢纽运输规模"与"国际航空枢纽网络通达性" 2 个指标；二级优势指标有"货邮运输规模与结构""国内网络通达性""核心航点强度"等 3 个指标；三级优势指标有"国内旅客吞吐量""国内货邮吞吐量""国内市场出港座位数""国内通航点数量""日航班频次超过 10 的国内航点总出港运力""3 小时以内国际转国内可能衔接机会""3 小时以内国内转国际可能衔接机会""国际转国际 MCT""单位跑道起降架次"等 9 个指标；见表 10-2。

表 10-2　北京首都机场的优势指标

一级指标	二级指标	三级指标
国际航空枢纽运输规模 （第 3 名）	旅客运输规模与结构 （第 7 名）	国内旅客吞吐量 （第 1 名）
	货邮运输规模与结构 （第 3 名）	国内货邮吞吐量 （第 1 名）
国际航空枢纽网络通达性 （第 2 名）	国内网络通达性 （第 1 名）	国内市场出港座位数 （第 1 名）
		国内通航点数量 （第 1 名）
	核心航点强度 （第 2 名）	日航班频次超过 10 的国内 航点总出港运力 （第 1 名）

一级指标	二级指标	三级指标	
国际航空枢纽网络中转衔接效率 （第11名）	国际可能衔接航班座规模 （第4名）	3小时以内国际转国内 可能衔接机会 （第2名）	
		3小时以内国内转国际 可能衔接机会 （第2名）	
	航班最短衔接时间 （第13名）	国际转国际 MCT （第3名）	
国际航空枢纽运行效率及品质 （第14名）	设施设备生产率 （第4名）	单位跑道起降架次 （第3名）	

二、上海浦东机场

上海浦东机场的一级优势指标有"国际航空枢纽运输规模"与"国际航空枢纽财务品质"2个指标；二级优势指标包括"货邮运输规模与结构""国内网络通达性""偿债能力"3个指标；三级优势指标有"国内旅客吞吐量""国内货邮吞吐量""国际货邮吞吐量""国内市场出港座位数""国内通航点数量""日航班频次超过10的国内航点总出港运力""航班正常率""非航收入占比""资产负债率""流动比率"等10个指标；见表10-3。

表10-3　上海浦东机场的优势指标

一级指标	二级指标	三级指标	
国际航空枢纽运输规模 （第2名）	旅客运输规模与结构 （第12名）	国内旅客吞吐量 （第3名）	
	货邮运输规模与结构 （第1名）	国内货邮吞吐量 （第3名）	
		国际货邮吞吐量 （第2名）	
国际航空枢纽网络通达性 （第7名）	国内网络通达性 （第3名）	国内市场座位数 （第3名）	
		国内通航点数量 （第3名）	
	核心航点强度 （第13名）	日航班频次超过10的国内 航点总出港运力 （第3名）	
	综合交通网络 （第11名）	城市轨道交通的连接 （第5名）	
国际航空枢纽网络中转衔接效率 ·（第15名）	枢纽综合交通接驳效率 （第14名）	城市轨道交通接驳效率 （第5名）	
国际航空枢纽运行效率及品质 （第9名）	运行效率 （第9名）	航班正常率 （第3名）	

续表

一 级 指 标	二 级 指 标	三 级 指 标
国际航空枢纽财务品质 （第3名）	营运收入情况 （第6名）	非航收入占比 （第3名）
	偿债能力 （第1名）	资产负债率 （第1名）
		流动比率 （第1名）

三、广州白云机场

广州白云机场无一级优势指标；二级优势指标有"国内网络通达性"；三级优势指标包括"国内旅客吞吐量""国内货邮吞吐量""国内市场出港座位数""国内通航点数量""日航班频次超过10的国内航点总出港运力""国际转国际MCT""净资产收益率"等7个指标；见表10-4。

表10-4　广州白云机场的优势指标

一 级 指 标	二 级 指 标	三 级 指 标
国际航空枢纽运输规模 （第5名）	旅客运输规模与结构 （第13名）	国内旅客吞吐量 （第2名）
	货邮运输规模与结构 （第4名）	国内货邮吞吐量 （第2名）
国际航空枢纽网络通达性 （第7名）	国内网络通达性 （第2名）	国内市场出港座位数 （第2名）
		国内通航点数量 （第2名）
	核心航点强度 （第12名）	日航班频次超过10的国内 航点总出港运力 （第2名）
国际航空枢纽网络中转衔接效率 （第8名）	航班最短衔接时间 （第11名）	国际转国际MCT （第3名）
国际航空枢纽财务品质 （第15名）	盈利能力 （第13名）	净资产收益率 （第2名）

通过上述对北京首都机场、上海浦东机场与广州白云机场的优势指标总结可以看出，我国内地国际航空枢纽的优势主要集中于依托国内庞大的运输市场需求基础而获得的优势。例如，"国内通达机场数量""国内旅客吞吐量""国内货邮运输规模"等指标，即使在骨干网络形成方面，也是在国内干线网络上具备优势，这些都需要国内腹地市场资源的支撑。换言之，我国内地国际航空枢纽的优势，主要通过市场需求的规模优势获得。未来需要从由需求规模驱动的竞争力获得，向由管理效率与组织效率驱动的能力获得转变。

第三节 我国主要国际航空枢纽需强化指标

需强化指标是指标排名居中，航空枢纽需要进一步强化提升的指标。本次评估选取我国内地主要国际航空枢纽排名在第 4~8 名指标的作为强化指标，在表格中用蓝色字体表示。

一、北京首都机场

北京首都机场无一级需强化指标；需强化的二级指标有"旅客运输规模与结构""国际可能衔接航班座规模""设施设备生产率"等 3 个指标；需要强化的三级指标有"铁路的连接""国内转国内 MCT""铁路接驳效率""城市轨道交通接驳效率""航班正常率""首位航空公司市场份额""非航收入占比""净资产收益率""资产负债率"等 9 个指标；见表 10-5。

表 10-5 北京首都机场的需强化指标

一级指标	二级指标	三级指标
国际航空枢纽运输规模 （第 3 名）	旅客运输规模与结构 （第 7 名）	—
国际航空枢纽网络通达性 （第 2 名）	综合交通网络 （第 12 名）	铁路的连接 （第 8 名）
		城市轨道交通的连接 （第 10 名）
国际航空枢纽网络中转衔接效率 （第 11 名）	国际可能衔接航班座规模 （第 4 名）	—
	航班最短衔接时间 （第 13 名）	国内转国内 MCT （第 7 名）
	枢纽综合交通接驳效率 （第 13 名）	铁路接驳效率 （第 8 名）
		城市轨道交通接驳效率 （第 5 名）
国际航空枢纽运行效率及品质 （第 14 名）	设施设备生产率 （第 4 名）	航班正常率 （第 7 名）
	运营航空公司情况 （第 10 名）	首位航空公司市场份额 （第 7 名）
国际航空枢纽财务品质 （第 9 名）	营运收入情况 （第 9 名）	非航收入占比 （第 4 名）
	盈利能力 （第 11 名）	净资产收益率 （第 6 名）
	偿债能力 （第 11 名）	资产负债率 （第 7 名）

二、上海浦东机场

上海浦东机场需要强化的一级指标有"国际航空枢纽网络通达性""国际航空枢纽财务品质"等 2 个指标；需强化的二级指标有"设施设备生产率""营运收入情况"等 2 个指标；需强化的三级指标有"公路的连接""城市轨道交通的连接""3 小时以内国际转国内可能衔接机会""3 小时以内国内转国际可能衔接机会""城市轨道交通接驳效率""单位航站楼面积旅客吞吐量""运营航空公司数量""总收入""非航收入""人均旅客非航收入贡献""利润总额"等 11 个指标；见表 10-6。

表 10-6　上海浦东机场的需强化指标

一级指标	二级指标	三级指标
国际航空枢纽网络通达性 （第 6 名）	综合交通网络 （第 11 名）	公路的连接 （第 5 名）
		城市轨道交通的连接 （第 5 名）
国际航空枢纽网络中转衔接效率 （第 15 名）	国际可能衔接航班座规模 （第 9 名）	3 小时以内国际转国内 可能衔接机会 （第 6 名）
		3 小时以内国内转国际 可能衔接机会 （第 7 名）
	枢纽综合交通接驳效率 （第 14 名）	城市轨道交通接驳效率 （第 5 名）
国际航空枢纽运行效率及品质 （第 9 名）	设施设备生产率 （第 6 名）	单位航站楼面积旅客吞吐量 （第 4 名）
	运营航空公司情况 （第 9 名）	运营航空公司数量 （第 5 名）
国际航空枢纽财务品质 （第 4 名）	营运收入情况 （第 6 名）	总收入 （第 8 名）
		非航收入 （第 5 名）
		人均旅客非航收入贡献 （第 8 名）
	盈利能力 （第 10 名）	利润总额 （第 6 名）

三、广州白云机场

广州白云机场需强化的一级指标有"国际航空枢纽运输规模""国际航空枢纽网络通达性""国际航空枢纽网络中转衔接效率"等 3 个指标；需强化的二级指标有"货邮运输规模与结构""国际可能衔接航班座规模""运营航空公司情况"3 个指标；需强化的三级指标有"铁路的连接"

"公路的连接""3 小时以内国际转国内可能衔接机会""3 小时以内国内转国际可能衔接机会""国内转国内 MCT""铁路接驳效率""公路接驳效率""城市轨道交通接驳效率""单位跑道起降架次""航班正常率""首位航空公司市场份额"等 11 个指标；见表 10-7。

表 10-7　广州白云机场的需强化指标

一级指标	二级指标	三级指标
国际航空枢纽运输规模 （第 5 名）	货邮运输规模与结构 （第 4 名）	—
国际航空枢纽网络通达性 （第 8 名）	综合交通网络 （第 9 名）	铁路的连接 （第 8 名）
		公路的连接 （第 5 名）
		城市轨道交通的连接 （第 10 名）
国际航空枢纽网络中转衔接效率 （第 8 名）	国际可能衔接航班座规模 （第 5 名）	3 小时以内国际转国内 可能衔接机会 （第 4 名）
		3 小时以内国内转国际 可能衔接机会 （第 4 名）
	航班最短衔接时间 （第 11 名）	国内转国内 MCT （第 8 名）
	枢纽综合交通接驳效率 （第 9 名）	铁路接驳效率 （第 8 名）
		公路接驳效率 （第 6 名）
		城市轨道交通接驳效率 （第 5 名）
国际航空枢纽运行效率及品质 （第 10 名）	设施设备生产率 （第 10 名）	单位跑道起降架次 （第 6 名）
	运行效率 （第 11 名）	航班正常率 （第 4 名）
	运营航空公司情况 （第 7 名）	首位航空公司市场份额 （第 4 名）

　　通过上述对北京首都机场、上海浦东机场与广州白云机场需要强化的指标进行归类、总结，可以发现我国内地主要国际航空枢纽需要强化的方面集中于与其他交通运输方式的衔接效率、枢纽网络中转衔接能力，以及收入能力和水平等方面。在这些方面，虽然我国航空枢纽经过近些年的努力，已经获得一定程度的提升，但与排名靠前的其他国际航空枢纽相比，仍有需要提升的空间。

第四节　我国主要国际航空枢纽短板指标

短板指标是指排名靠后，弱于其他枢纽机场表现的指标。本次评估选取我国内地主要国际航空枢纽排名在第 8 名之后的指标作为短板指标，在表格中用红色字体表示。

一、北京首都机场

北京首都机场的一级短板指标有"国际航空枢纽网络中转衔接效率""国际航空枢纽运行效率及品质""国际航空枢纽财务品质"等 3 个指标；二级短板指标有"国际网络通达性""综合交通网络""航班最短衔接时间""枢纽综合交通接驳效率""运行效率""运营航空公司情况""营运收入情况""盈利能力""偿债能力"等 9 个指标；三级短板指标有"国际旅客吞吐量""中转旅客占比""国际货邮吞吐量""国际市场出港座位数""国际通航点数量""日航班频次超过 3 的国际航点总出港运力""公路的连接""城市轨道交通的连接""5 小时以内国际转国际可能衔接机会""国际转国内 MCT""国内转国际 MCT""公路接驳效率""单位航站楼面积旅客吞吐量""航班执行率""运营航空公司数量""总收入""非航收入""人均旅客非航收入贡献""利润总额""流动比率"等 20 个指标；见表 10-8。

表 10-8　北京首都机场的短板指标

一级指标	二级指标	三级指标
国际航空枢纽运输规模 （第 3 名）	旅客运输规模与结构 （第 7 名）	国际旅客吞吐量 （第 14 名）
		中转旅客占比 （第 14 名）
	货邮运输规模与结构 （第 3 名）	国际货邮吞吐量 （第 14 名）
国际航空枢纽网络通达性 （第 2 名）	国际网络通达性 （第 14 名）	国际市场出港座位数 （第 14 名）
		国际通航点数量 （第 11 名）
	核心航点强度 （第 2 名）	日航班频次超过 3 的国际 航点总出港运力 （第 14 名）
	综合交通网络 （第 12 名）	公路的连接 （第 10 名）
		城市轨道交通的连接 （第 10 名）

续表

一级指标	二级指标	三级指标
国际航空枢纽网络中转衔接效率 （第 11 名）	航班最短衔接时间 （第 13 名）	5 小时以内国际转国际 可能衔接机会 （第 13 名）
		国际转国内 MCT （第 14 名）
		国内转国际 MCT （第 14 名）
	综合交通接驳效率 （第 13 名）	公路接驳效率 （第 14 名）
国际航空枢纽运行效率及品质 （第 14 名）	设施设备生产率 （第 4 名）	单位航站楼面积旅客吞吐量 （第 9 名）
	运行效率 （第 15 名）	航班执行率 （第 15 名）
	运营航空公司情况 （第 10 名）	运营航空公司数量 （第 12 名）
国际航空枢纽财务品质 （第 9 名）	营运收入情况 （第 9 名）	总收入 （第 9 名）
		非航收入 （第 9 名）
		人均旅客非航收入贡献 （第 12 名）
	盈利能力 （第 11 名）	利润总额 （第 12 名）
	偿债能力 （第 11 名）	流动比率 （第 14 名）

二、上海浦东机场

上海浦东机场的一级短板指标有"国际航空枢纽网络中转衔接效率""国际航空枢纽运行效率及品质"等 2 个指标；二级短板指标有"旅客运输规模与结构""国际网络通达性""核心航点强度""综合交通网络""国际可能衔接航班座规模""航班最短衔接时间""枢纽综合交通接驳效率""运行效率""运营航空公司情况""盈利能力"等 10 个指标；三级短板指标有"国际旅客吞吐量""中转旅客占比""国际市场出港座位数""国际通航点数量""日航班频次超过 3 的国际航点总出港运力""铁路的连接""5 小时以内国际转国际可能衔接机会""国内转国内 MCT""国际转国内 MCT""国内转国际 MCT""国际转国际 MCT""铁路接驳效率""公路接驳效率""单位跑道起降架次""航班执行率""首位航空公司市场份额""净资产收益率"等 17 个指标；见表 10-9。

表 10-9　上海浦东机场的短板指标

一 级 指 标	二 级 指 标	三 级 指 标
国际航空枢纽运输规模 （第 2 名）	旅客运输规模与结构 （第 12 名）	国际旅客吞吐量 （第 13 名）
		中转旅客占比 （第 13 名）
国际航空枢纽网络通达性 （第 7 名）	国际网络通达性 （第 13 名）	国际市场出港座位数 （第 13 名）
		国际通航点数量 （第 14 名）
	核心航点强度 （第 13 名）	日航班频次超过 3 的国际 航点总出港运力 （第 12 名）
	综合交通网络 （第 11 名）	铁路的连接 （第 12 名）
国际航空枢纽网络中转衔接效率 （第 15 名）	国际可能衔接航班座规模 （第 9 名）	5 小时以内国际转国际 可能衔接机会 （第 11 名）
	航班最短衔接时间 （第 15 名）	国内转国内 MCT （第 15 名）
		国际转国内 MCT （第 14 名）
		国内转国际 MCT （第 14 名）
		国际转国际 MCT （第 14 名）
	枢纽综合交通接驳效率 （第 14 名）	铁路接驳效率 （第 13 名）
		公路接驳效率 （第 11 名）
国际航空枢纽运行效率及品质 （第 9 名）	设施设备生产率 （第 6 名）	单位跑道起降架次 （第 12 名）
	运行效率 （第 9 名）	航班执行率 （第 14 名）
	运营航空公司情况 （第 9 名）	首位航空公司市场份额 （第 10 名）
国际航空枢纽财务品质 （第 3 名）	盈利能力 （第 10 名）	净资产收益率 （第 14 名）

三、广州白云机场

广州白云机场的一级短板指标有"国际航空枢纽运行效率及品质""国际航空枢纽财务品质"

等 2 个指标；二级短板指标有"旅客运输规模与结构""国际网络通达性""核心航点强度""综合交通网络""航班最短衔接时间""枢纽综合交通接驳效率""设施设备生产率""运行效率""营运收入情况""盈利能力""偿债能力"等 11 个指标；三级短板指标有"国际旅客吞吐量""中转旅客占比""国际货邮吞吐量""国际市场出港座位数""国际通航点数量""日航班频次超过 3 的国际航点总出港运力""城市轨道交通的连接""5 小时以内国际转国际可能衔接机会""国际转国内 MCT""国内转国际 MCT""单位航站楼面积旅客吞吐量""航班执行率""运营航空公司数量""总收入""非航收入""非航收入占比""人均旅客非航收入贡献""利润总额""流动比率"等 19 个指标；见表 10-10。

表 10-10　广州白云机场的短板指标

一级指标	二级指标	三级指标
国际航空枢纽运输规模 （第 5 名）	旅客运输规模与结构 （第 13 名）	国际旅客吞吐量 （第 15 名）
		中转旅客占比 （第 10 名）
	货邮运输规模与结构 （第 4 名）	国际货邮吞吐量 （第 12 名）
国际航空枢纽网络通达性 （第 8 名）	国际网络通达性 （第 15 名）	国际市场出港座位数 （第 15 名）
		国际通航点数量 （第 15 名）
	核心航点强度 （第 12 名）	日航班频次超过 3 的国际 航点总出港运力 （第 15 名）
	综合交通网络 （第 9 名）	城市轨道交通的连接 （第 10 名）
国际航空枢纽网络中转衔接效率 （第 8 名）	国际可能衔接航班座规模 （第 5 名）	5 小时以内国际转国际 可能衔接机会 （第 12 名）
	航班最短衔接时间 （第 11 名）	国际转国内 MCT （第 10 名）
		国内转国际 MCT （第 11 名）
	枢纽综合交通接驳效率 （第 9 名）	—
国际航空枢纽运行效率及品质 （第 10 名）	设施设备生产率 （第 10 名）	单位航站楼面积旅客吞吐量 （第 12 名）
	运行效率 （第 11 名）	航班执行率 （第 13 名）
	运营航空公司情况 （第 7 名）	运营航空公司数量 （第 12 名）

续表

一级指标	二级指标	三级指标
国际航空枢纽财务品质 （第14名）	营运收入情况 （第13名）	总收入 （第12名）
		非航收入 （第13名）
		非航收入占比 （第11名）
		人均旅客非航收入贡献 （第13名）
	盈利能力 （第13名）	利润总额 （第14名）
	偿债能力 （第13名）	流动比率 （第15名）

通过对北京首都机场、上海浦东机场与广州白云机场短板指标进行归类、总结及统计，可以发现在本次评估中，我国内地主要国际航空枢纽的短板指标（排名在第9~15位的指标）数量明显高于优势指标。需要提升的短板指标主要聚焦于与国际航空客货运输市场、国际枢纽中转能力、运行品质及财务品质等方面的指标。这些指标都是我国国际航空枢纽未来需要重点关注及努力提升的方面。

第三部分

我国主要国际航空枢纽
发展建议

第十一章
"国际航空枢纽运输规模"
提升建议

本章首先对北京、上海及广州的航空枢纽客货运输规模发展情况进行分析，结合"国际航空枢纽运输规模"指标的评估结果，从提高资源精细化利用水平、优化航班运行组织方式等方面提出提高航空运输规模的建议。

第一节　北京航空枢纽运输规模提升建议

一、北京航空枢纽运输规模现状

虽然前文竞争力评估仅选取了北京首都机场参评，但伴随 2019 年北京大兴机场投运，不仅北京航空运输市场发生改变，全国航空运输市场结构都将随之改变。对北京国际航空枢纽的研究，也已迈入"一市两场"时代。因此本节在对北京首都机场、北京大兴机场的航空客货市场规模进行回顾基础上，针对两场发展提出运输规模增长建议。

（一）北京首都机场航空运输规模

在航空客运方面，2011—2019 年间，北京首都机场虽然保持运输规模的持续增长，但其增速水平低于全国平均水平（见图 11-1）。同时，北京首都机场 2018 年完成旅客吞吐量 10 098 万人次，是国内第一个年旅客吞吐量过亿人次的机场。在北京大兴机场投运前，北京首都机场航站楼、停机位等基础设施资源已经饱和，只能通过转换机型、优化航线结构等措施实现运输规模增长。2020年，全球新冠肺炎疫情爆发，严重冲击民航运输业发展，加之航空公司陆续转场北京大兴机场，北京首都机场旅客吞吐量出现断崖式下跌，降至 3451 万人次，位于全国机场旅客吞吐量排名第 5。

在航空货运方面，2011—2018 年，北京首都机场货邮吞吐量保持逐年稳定增长态势，但与客运增速一样，整体低于全国平均增速水平（见图 11-2）。2017 年首都机场货邮吞吐量突破 200 万吨，达到 202.96 万吨运输规模。2019 年受全球经济、北京大兴机场开通运营等因素影响，货邮吞吐量略有下降。2020 年新冠疫情暴发，北京首都机场大量国际航班削减，国际腹舱运力大幅度缩减，加之本身全货班运力不足，货邮运输规模降幅较大，降至 121.04 万吨；2021 年略有回升，完成 140.13 万吨货邮吞吐量。

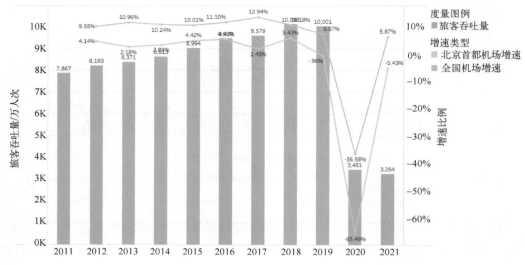

图 11-1 2011—2021 年北京首都机场旅客吞吐量变化情况

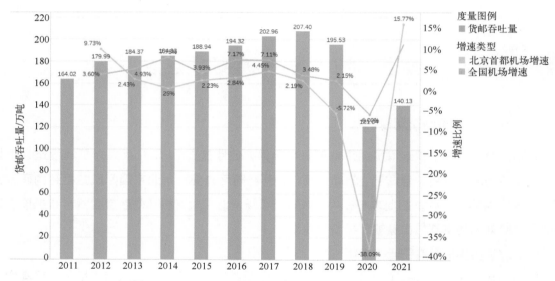

图 11-2 2011—2021 北京首都机场货邮吞吐量变化情况

（二）北京大兴机场航空运输规模

北京大兴机场 2019 年 9 月建成投运，定位于大型国际航空枢纽，当年完成旅客吞吐量 314 万人次。随着部分航空公司从北京首都机场陆续转场至北京大兴机场运营，虽然 2020—2021 年遭受全球疫情影响，但北京大兴机场的客货运输规模在持续提升。2020 年北京大兴机场完成旅客吞吐量 1 609 万人次，跨入千万级机场行列；2021 年，完成旅客吞吐量 2 505 万人次，运输规模突破两千万人次。

北京大兴机场的航空货邮运输规模呈现与客运相同特征，2020 年完成货邮吞吐量 7.73 万吨；2021 年，北京大兴机场货邮吞吐量大幅度增长，完成 18.59 万吨。

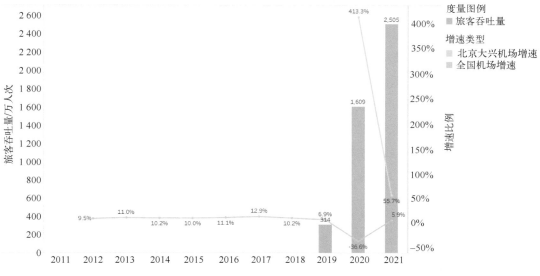

图 11-3 2011—2021 年北京大兴机场旅客吞吐量变化情况

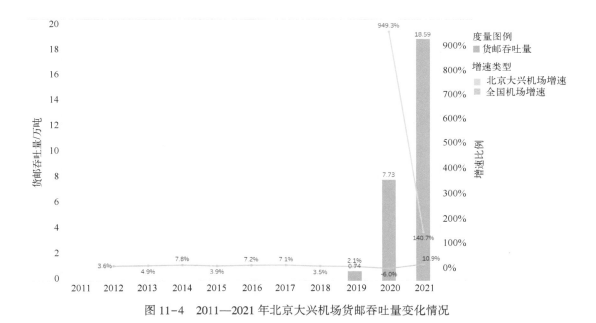

图 11-4 2011—2021 年北京大兴机场货邮吞吐量变化情况

二、北京航空枢纽运输规模提升建议

（一）疫情后促进北京两场航班恢复

由于北京市政治、经济、社会地位的重要作用，新冠疫情对北京的冲击较其他航空枢纽更甚。建议在全球疫情缓解或结束后，逐步恢复北京首都机场、北京大兴机场的国内国际航班。北京大兴机场 2019 年 9 月投入运营后，南航、东航等航空公司分四个航季逐步将航班从首都机场转至大兴机场运营。北京大兴机场的航班运力投入在 2019—2021 年获得持续增长。北京首都机场的航班量在疫情结束之后，短期内与 2019 年相比也将存在差异。因此，在疫情之后逐步实现北京两场航班量的稳步增长，是运输规模提升的先决条件。

（二）依托主基地航空公司建立符合枢纽运营的航班波

　　航空公司完成转场后，在北京首都机场与北京大兴机场，将形成依托不同航空联盟的航空公司运营结构。北京首都机场将形成以国航为主的星空联盟航空公司结构。2021 年北京首都机场各联盟出港座位运力份额占比如图 11-5 所示，星空联盟在北京首都机场出港座位运力占比为 66%。2021 年北京首都机场各航空公司出港座位运力占比如图 11-6 所示。东航（MU）、南航（CZ）完成航班转场后，国航（CA）在北京首都机场的市场份额进一步提升，2021 年国航在北京首都机场出港座位运力份额为 63.15%；其次为海航，在北京首都机场的出港座位运力份额为 16.6%。

图 11-5　2021 年北京首都机场各联盟出港座位运力份额占比

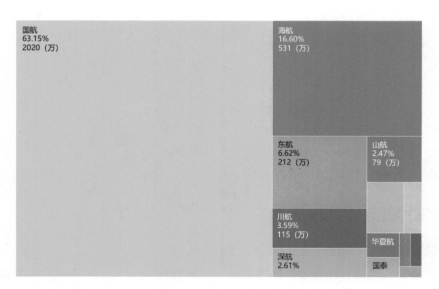

图 11-6　2021 年北京首都机场各航空公司出港运力占比

　　北京大兴机场将形成以东航为主的天合联盟航空公司运营结构。2021 年北京大兴机场各联盟出港座位运力份额占比如图 11-7 所示。南航在 2019 年宣布从天合联盟退盟，导致北京大兴机场"无联盟"航空公司份额增长。2021 年在北京大兴机场运营航空公司中，南航出港座位运力份额为41.3%，东航出港座位运力份额为 20.95%，如图 11-8 所示。

图 11-7　2021 年北京大兴机场各联盟出港座位运力份额占比

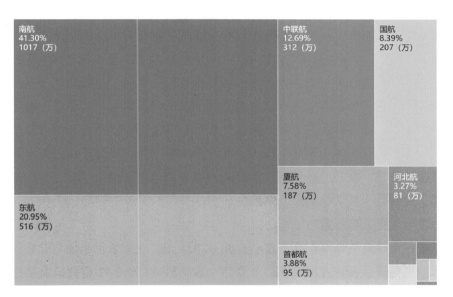

图 11-8　2021 年北京大兴机场各航空公司出港运力占比

　　虽然北京大兴机场投运后，北京两场在航班时刻资源上都获得不同程度的增长，但新增时刻总量规模不高，两场航班时刻资源稀缺性依然显著。依靠传统的航班组织安排方式已经不适合，也不能满足国际航空枢纽建设的需要。因此建议北京大兴机场依托南航、东航等主基地航空公司，北京首都机场依托国航，搭建有利于枢纽运营的航班波，以此提高可供选择的目的地机场数量、航线产品组合数量，增加对不同目的需求的覆盖，达到促进运输规模增长的目的。同时，优化现有航班分布，提高对航班时刻的精细化利用程度。

（三）打造适合市场需求的多种航空运输产品

　　由北京市在全国经济社会中发展的作用决定，北京不仅是京津冀的核心城市，也是全国的核心城市，更是全球重要的政治、文化及经济交流中心。北京市所承载的城市功能多元，随着京津冀协同发展的持续推进，京津冀地区经济一体化必将引致更频繁的人员流动，北京航空运输需求也将更加多元化。北京首都机场与北京大兴机场可以针对不同航空运输需求特点，打造国内通往深圳、广州、成都等城市的商务快线产品，以及覆盖旅游城市的航旅产品。同时，发挥与国内干线城市高连通优势，打造"国内转国际"的中转产品等，丰富现有产品系列，以此提升航空客运规模。

（四）利用高铁拓展腹地市场客源，丰富联运产品设计

北京大兴机场航站楼与高铁实现了垂直立体连接，是我国目前最具备打造空铁联运产品基础的航空枢纽。在北京大兴机场航站楼下方，多条轨道交通线路南北集中纵贯穿越，目前规划中有五条线路与大兴机场直接相连。旅客可通过大容量电梯或扶梯直接进入航站楼出发层，实现了空陆侧交通"无缝衔接"和"零距离换乘"。"京雄城际"高铁线路全线贯通"北京西–北京大兴机场–雄安"，北京西站到北京大兴机场站可以一站直达，路程时间约为25分钟；在地铁的草桥站换乘大兴机场快线，也可实现一站直达，运行时间约为19分钟。北京大兴机场也积极联合多方主体为旅客提供"一票式、一站式""刷登机牌乘坐地面交通"的便捷、实惠、有品质的服务体验。北京大兴机场得益于直接与轨道交通的物理连接，拥有最为便捷的空铁联运流程基础，使得有可能成为京津冀机场群甚至全国空铁联运效率最佳的机场。

建议北京大兴机场在未来空铁联运工作开展中，提高航空公司在产品设计方面的参与度，机场协同其他部门在运营流程、引导标识等方面为航空公司创造空铁联运产品发挥作用的平台。在服务链层面，促进机场、航空公司等业务主体合作，协同相关利益单位，理顺乘客选择空铁联运出行方式后实际经历的各种环节，将乘客出发地或目的地城市旅程服务链延伸为全旅程服务链，通过嵌入适当的优惠政策和优质服务设计产品方案，完善产品服务范围，增强产品吸引力。在产品设计层面，机场、航空公司等业务主体全面系统梳理不同特性乘客对空铁联运产品的差异需求，以最大化满足不同特性乘客的需求，推进产品创新转型升级，与"航旅""快线"等产品融合，形成差异化、多元化、个性化、定制化、灵活化的产品体系。

（五）大力吸引全货运航班运力增长

北京航空枢纽在京津冀机场群中处于核心位置，2021年，北京首都机场与北京大兴机场航空货邮吞吐量在京津冀机场群中合计占比87%。北京两个国际航空枢纽的航空货运发展趋势对京津冀机场群趋势产生较大影响。从我国几大机场群发展历程看，虽然京津冀、长三角与粤港澳机场群在全国货邮吞吐量的占比都呈现逐年萎缩状态，但是京津冀场群在全国机场中占比降低最为显著，由2009年在全国航空货邮中占比13.03%，降低为2019年的10.3%，见图11-9。

在北京大兴机场投运前，北京首都机场是京津冀的核心机场，与上海、广州、深圳机场的航空货运结构对比如图11-10所示。北京首都机场目前在腹舱运力上具备一定优势，无论国际、国内，腹舱运力占比均在85%左右。北京首都机场全货班运力资源与上海、广州、深圳的枢纽机场相比显得不足。上海浦东机场、广州白云机场及深圳宝安机场，在国际市场上的全货班运力占比均在50%以上，北京首都机场为15%。随着北京大兴机场的投运，建议未来北京航空枢纽适当增加全货运航班运力，优化目前航空货运运力结构，为京津冀机场群以及全国航空货运干线网络建设提供支撑。

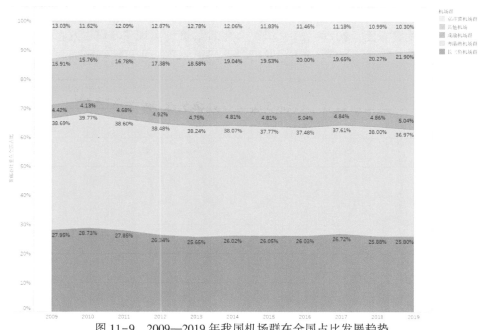

图 11-9　2009—2019 年我国机场群在全国占比发展趋势

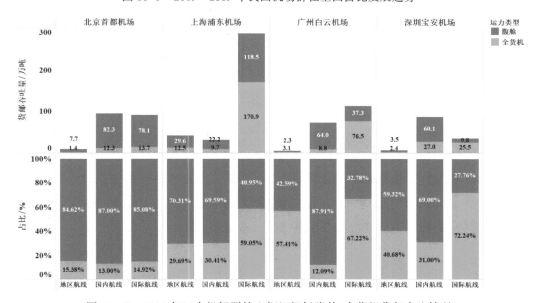

图 11-10　2019 年三大机场群核心枢纽机场腹舱/全货机货邮占比情况

第二节　上海航空枢纽运输规模提升建议

一、上海航空枢纽运输规模现状

上海是我国最早拥有"一市两场"的城市。上海浦东国际机场的发展，需要与上海虹桥机场形成协同。因此，虽然上海虹桥机场没有参加前文国际航空枢纽竞争力评价，但本节从"一市两场"分析角度，将其也纳入分析范畴，一同给出运输规模提升建议。

（一）上海浦东机场航空运输规模

在航空旅客运输发展方面，2011—2019 年，上海浦东机场实现了 5 000 万、6 000 万、7 000 万人次的跨越式发展，2019 年旅客吞吐量达到 7 615 万人次。在"十三五"后期，同样受硬件基础设施资源饱和影响，上海浦东机场运输规模增长幅度放缓。2020 年全球新冠疫情暴发，国际航空市场大幅萎缩，机场旅客吞吐量呈断崖式下跌，旅客运输规模为 3 048 万人次，下跌 59.98%。2021 年略有回升，完成 3 221 万人次旅客吞吐量。2011—2021 年上海浦东机场旅客吞吐量变化情况如图 11-11 所示。

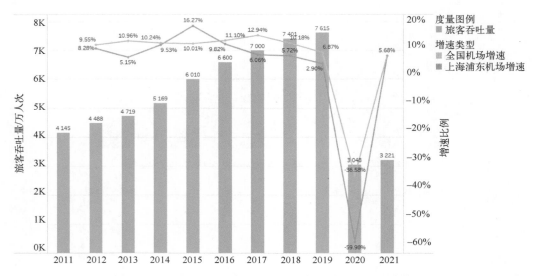

图 11-11　2011—2021 年上海浦东机场旅客吞吐量变化情况

上海浦东机场除了是我国国际航空运输规模最高的机场以外，也是全球主要的国际航空货运枢纽。虽然受硬件基础设施资源饱和等因素影响，"十三五"后期的航空货邮运输呈下行趋势，但全球新冠疫情暴发后，2021 年上海浦东机场航空货邮吞吐量创历史新高，达到 398 万吨。2011—2021 年上海浦东机场货邮吞吐量变化情况如图 11-12 所示。

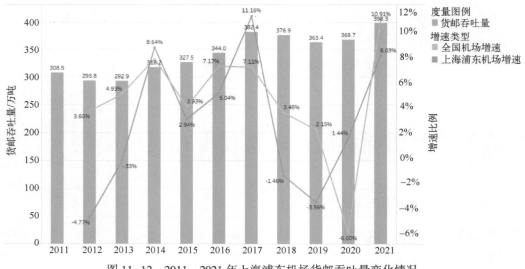

图 11-12　2011—2021 年上海浦东机场货邮吞吐量变化情况

（二）上海虹桥机场运输规模现状

上海虹桥机场一直定位于国内航空枢纽，只有极少量的国际航班。2011—2019年上海虹桥机场的旅客运输规模呈稳定增长趋势，但平均增速低于全国水平，维持在4%左右（见图11-13）。2019年上海虹桥机场旅客吞吐量为4 564万人次。新冠疫情暴发后，由于上海虹桥机场以国内运输为主，虽然国际航空运输大幅度萎缩，但对虹桥机场影响小于对上海浦东机场的影响。2020年，上海虹桥机场的旅客吞吐量为3 117万人次，2021年略有回升，达到3 321万人次。

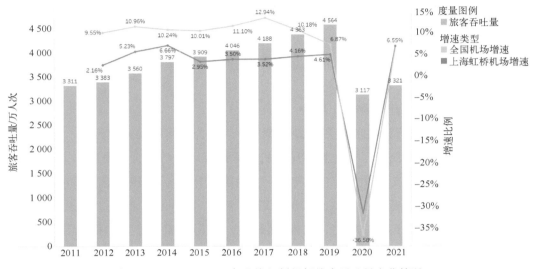

图11-13　2011—2021年上海虹桥机场旅客吞吐量变化情况

与上海浦东机场不同，上海虹桥机场没有全货运航班，货邮运输规模的完成主要依靠国内客运航班腹舱，其航空货邮运输规模一直维持在40万~45万吨之间。2019年上海虹桥机场完成42.36万吨，新冠肺炎疫情爆发后受国内航班量削减影响，2020年缩减为33.86万吨，2021年恢复至38.34万吨。2011—2021年上海虹桥机场货邮吞吐量变化情况如图11-14所示。

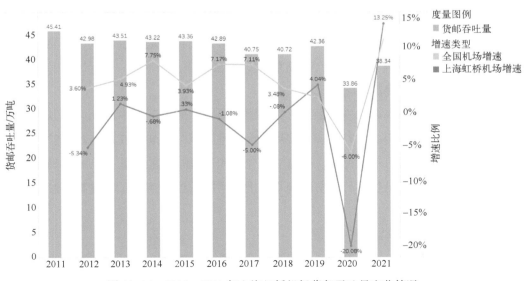

图11-14　2011—2021年上海虹桥机场货邮吞吐量变化情况

二、上海航空枢纽运输规模提升建议

目前上海两场在职能分工定位上比较明确。上海浦东机场定位为国际航空枢纽，承担客、货运国际航空运输功能，是我国以及全球的重要国际枢纽；上海虹桥机场定位于国内航空枢纽，同时承担少量国际及地区运输业务。上海两场所服务的区域经济社会覆盖范围相同，发展相辅相成，上海浦东国际枢纽的建设需要上海虹桥机场支撑。

（一）继续提高航班时刻资源利用水平

无论是上海浦东机场还是上海虹桥机场，都面临硬件基础设施资源、空域资源饱和的问题，在这种资源约束下，航班时刻资源的稀缺性越发显著。同时也对航班时刻资源使用的精细化管理提出更高要求。

航班时刻利用水平的提升体现在以下两个方面。

第一，提高运营航空公司的客货运航班执行率水平。执行率水平提升受天气、空域使用、航路情况等多种因素影响。需要空管、地区管理局及机场运行控制部门联合其他单位，整合数据资源，完善优化沟通流程，设置时刻使用标准并严格执行，持续提升机场运行效率及时刻执行率。

第二，持续优化航班运行组织模式，实现枢纽化运营。目前上海浦东机场已经具备较好的国内、国际骨干网络基础，打造高效率的"国内—国际""国际—国内""国际—国际"中转衔接产品，优化航班波，实现枢纽化航班组织模式，有利于提高航班时刻使用效率。

（二）上海浦东机场深化航空客货运联动发展程度

作为我国国际航空客货运输规模最大的航空枢纽，上海浦东机场航空货运运力结构具备一定特色。其所拥有的国际航线，尤其是洲际宽体机，为其提供了丰富的客运腹舱运力资源；同时，上海浦东机场也拥有较为丰富的全货机运力资源。在各项资源稀缺性日益显著的情况下，对航空客货运输的联动发展提出迫切需求。从机场运行效率及资源使用最大化角度来说，需要实现对客运腹舱运力、全货机运力资源的联动使用。建议以治理机制建设作为客货运协同发展抓手，从部门职责理顺、激励机制设计、内部组织资源协调等角度实现对客货运发展的良性支撑。建议衔接整合内外部数据源，以数据流重整为核心，优化客货运业务衔接环节，根据机场货源特点，灵活设计中转衔接服务产品，并实现软硬件资源优化配置，提高业务衔接效率。

（三）上海虹桥机场迭代优化航线航班

上海虹桥机场同样面临基础设施资源及时刻资源业已饱和的状况，中短期内难以通过基础设施资源的补充提高运输规模，因此对时刻资源使用效能的提升需求迫切。在现有航线航班基础上，协同航空公司持续进行航线航班迭代优化，一方面强化国内干线市场的运营，另一方面根据市场开发情况，在对不同航线的执飞机型进行分析研究基础上，进行航线网络优化，提高每航班时刻的可用座位数。

（四）两场协同打造多种联运产品

上海虹桥机场作为国内首个集聚铁路、航空等多种交通运输方式于一体的综合交通枢纽，在实现空铁联运方面开创了国内实践先河。但周边杭州、南京、宁波等机场航线网络逐渐完善，对国内主要机场实现了基本覆盖，对本地市场需求的服务能力在"十三五"期间显著提升。这也导致了旅客通过"空铁联运"方式，从长三角地区向上海集聚，再通过上海连通全国其他国内地区的需求逐渐减弱。同时，上海浦东机场仍然是长三角的核心国际枢纽，虽然其他机场的国际通航点数也有所增长，但与上海浦东机场相比还有较大差距。因此，未来上海两场空铁联运的产品主要方向为"其他地区国内高铁到达虹桥机场—高铁联络线运输—浦东机场国际航班"，以及"虹桥机场国内航线—高铁联络线运输—浦东机场国际航线"，需要依靠两场协同打造联运产品，持续提升对市场需求的覆盖及满足。

第三节　广州航空枢纽运输规模提升建议

一、广州白云机场航空运输规模现状

广州白云机场作为粤港澳大湾区机场群的核心机场，具有落实国家"粤港澳大湾区"战略和"一带一路"倡议等重大决策部署的责任。广州白云机场航空客货运输的发展对区域经济社会发展都起到关键、核心的支撑作用。与其他航空枢纽表现一样，2011—2019 年，广州白云机场航空客运规模稳步增长，但增速低于全国增长水平（见图 11-15）。2017 年旅客吞吐量突破 6 000 万人次，2019 年旅客吞吐量突破 7 000 万人次，达到 7 338 万人次运输规模。2020 年，受疫情影响，机场旅客吞吐量大幅下降，降至 4 376 万人次，但完成旅客运输规模位于全球第一名。

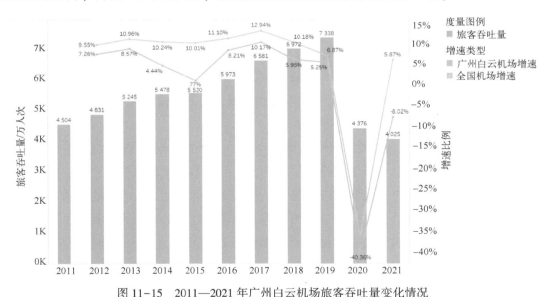

图 11-15　2011—2021 年广州白云机场旅客吞吐量变化情况

得益于珠三角地区经济社会发展，虽然毗邻香港机场，2011—2019 年，广州白云机场航空货运也维持了较为稳定的增长态势（见图 11-16）。2020 年受新冠疫情冲击，出现小幅下跌情况。2021 年除定期货运航班外，积极推进"客改货"业务，投身助力全球疫情工作，保障运送抗疫物资货运包机，积极推动国际物流运输发展，全年货邮量增长趋势较为稳定，实现年累计货邮吞吐量 204.49 万吨的新突破。

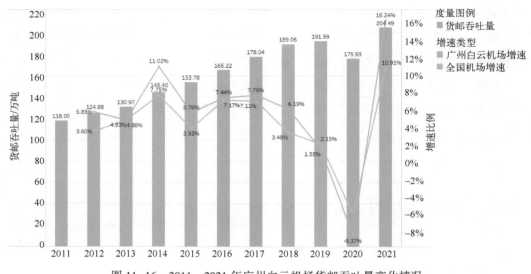

图 11-16　2011—2021 年广州白云机场货邮吞吐量变化情况

二、广州白云机场运输规模提升建议

（一）促进枢纽基础设施能力及辐射能力

在基础设施能力升级方面，加快推进 T3 航站楼工程建设，促进基础设施能力升级，推进信息技术在设施建设上面的深度应用，打造数据共享、协同高效、智慧运行的国际枢纽。在枢纽辐射能力升级方面，构筑国际、国内航空运输大通道，大力提升对重点战略区域的连通强度及辐射能力；加快机场内部捷运、机场与外部城区轨道交通等运输方式的建设，提升对周边客源的覆盖能力；通过中转产品的设计，提升对中转旅客的吸附及集散能力。在流程效率升级方面，通过新技术应用，提升机场物联网、自助服务等环节的流程效率；通过优化航线航班结构及时刻资源配置，提升空空中转流程效率；通过基础设施改造，提升与地面其他交通运输方式的接驳效率。

（二）进行运输产品系列及运行资源整合

建议整合产品系列设计，丰富创新航空运输产品，如系统设计国内快线、国际精品产品系列，系统设计中转产品系列；创新发展空铁联运产品；融合旅游业发展航旅产品，打造航旅特色品牌，加强合作，增加航旅产品营销力度。整合航空公司资源，制定个性化合作策略。增强南航运营粘性，同时保持与国航、深航、东航、海航等其他基地航空公司的合作关系，战略性培育低成本航空公司。整合航站楼资源配置，提升机场陆地集疏运能力，针对性地完善机场内部捷运，逐步构建综合交通枢纽。

（三）多措施并用提高航空货运竞争力

在航空货运竞争力提升方面，搭建"航空运输网"和"地面交通运输网"两张运输网络。航空运输网方面，依靠全货机提升干线航空货运通道能力，依靠客机网络拓宽腹舱运力覆盖范围，致力于打造时效性高、运能足的航空物流网络。重点做优做强"澳新—广州—欧洲""东南亚—广州—欧洲""东南亚—广州—东北亚"三个流向的全球航空物流大通道。地面运输网方面，将多式联运与异地货站有机组合，扩展广州白云机场腹地市场，解决航空物流"最后一公里"的短板，有效拓展广州白云机场的货源辐射范围。

高效协同航空公司、物流企业及货运代理，遵循多方利益共赢的原则，谋求共同合作空间。继续巩固南航货运主基地航空公司地位，稳固同联邦快递的长远合作，提升顺丰在广州白云机场的地位，强化广州在邮航网络中的地位，增强同国航、深航的合作关系；在空空中转和陆空中转等维度拓宽同国外航空公司的战略合作深度，主导构建中转服务大平台，对外提供转运公司操作服务；鼓励国际大型空运代理企业入驻，帮助本土空运代理企业做大做强，携手相关地面运输企业共同发展地面集疏运业务。

通过港产联动实现临空产业和航空货运良性循环发展。鼓励发展航空维修产业，做大航材保税维修业务，助力新科宇航发展成为世界一流飞机维修改装平台。培育、引进具有国际竞争力的物流龙头企业，带动促进物流中小企业发展。重点发展航空冷链、电商和快递物流产业，大力发展智慧物流、绿色物流和多式联运物流，打造现代航空物流产业集群。搭建共赢机制，同空港经济开发区形成良性竞争和互动的发展模式。

第十二章
"国际航空枢纽网络通达性"
提升建议

本章首先对我国北京、上海及广州主要国际航空枢纽网络连通性基本情况展开分析，结合"国际航空枢纽网络通达性"指标评价结果，从国际枢纽干线网络强度、综合交通枢纽建设等方面对我国主要国际枢纽网络通达性提出相应建议。

第一节　我国主要国际航空枢纽网络连通性基本情况

一、国内网络通达性情况

我国幅员辽阔，人口基数大，为国内航空运输发展提供了需求基础。从航线网络覆盖范围看，我国三个主要国际航空枢纽国内（包含港澳台）通航点数量变化情况如图 12-1 所示。北京首都机场是我国主要国际枢纽机场中国内通航点数量最多的枢纽，航空市场覆盖范围最广，这与北京首都机场得天独厚的区位优势密不可分。北京首都机场国内通航点数量基本维持在 160 个左右，2019 年增加至 165 个。广州白云机场国内通航点数量略高于上海浦东机场，2019 年上海浦东机场国内航点数量为 151 个，广州白云机场国内航点数量为 152 个。

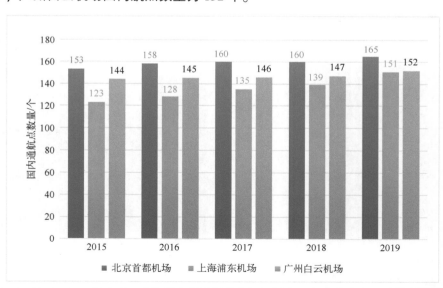

图 12-1　2015—2019 年北京、上海及广州国际航空枢纽国内（包含港澳台）通航点数量变化

从航线网络厚度上来看，我国三个主要国际航空枢纽境内通航点平均日频变化情况如图 12-2 所示。北京首都机场国内通航点平均日航班频次最高，平均每个航点日航班频次在 4 班以上；其次为广州白云机场，每航点日航班频次也在 4 班以上，略低于北京首都机场；上海浦东机场航点网络厚度较弱。

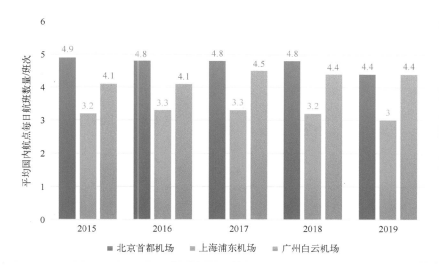

图 12-2　2015—2019 年北京、上海及广州国际航空枢纽国内通航点平均日频

二、国际网络通达性情况

在国际航线网络覆盖范围上，我国三个主要国际航空枢纽国际通航点数量变化情况如图 12-3 所示。北京首都机场国际通航点数量最多，上海浦东机场紧随其后，广州白云机场与北京首都机场差距明显。2016—2019 年，北京首都机场国际通航点数量在 140 个左右，上海浦东机场国际通航点数量在 110 个左右。

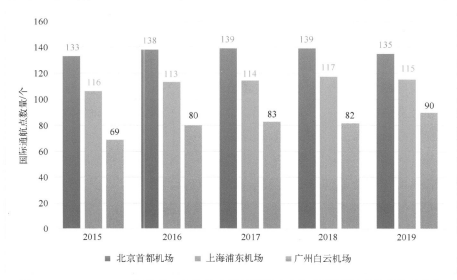

图 12-3　2015—2019 年北京、上海及广州国际航空枢纽机场国际通航点数量变化

从我国三个主要国际航空枢纽国际航线网络厚度上来看，上海浦东机场平均每个航点日航班频次达到了2班，广州白云机场每航点日航班频次低于2班，北京首都机场国际航点网络厚度较弱。我国三个主要国际航空枢纽国际通航点平均日频变化情况见图12-4。

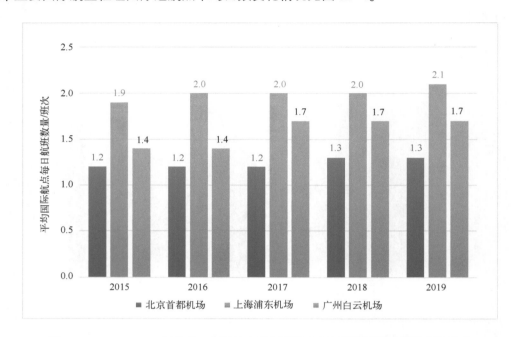

图12-4　2015—2019年北京、上海及广州国际航空枢纽国际通航点平均日频变化

三、与不同竞争枢纽对比情况

北京首都机场、上海浦东机场的竞争枢纽为韩国仁川机场及日本的东京成田机场。在通往北美地区的航线网络方面，无论从网络覆盖范围还是网络厚度上，我国国际航空枢纽虽然在近十年已经取得显著成绩，但与这两个竞争枢纽相比，还有继续提升的空间。例如，首尔仁川机场在"首尔仁川机场—纽约肯尼迪机场"航线上，航班频次优于北京首都机场。2010—2019年，"首尔仁川机场—纽约肯尼迪机场"航班频次较为稳定，周频均在21班以上，"北京首都机场—纽约肯尼迪机场"航线周频整体呈上升态势，但仍低于"首尔仁川机场—纽约肯尼迪机场"航线。北京首都机场与首尔仁川机场在纽约肯尼迪航线的航线周频情况见图12-5。

从北美洲通航点周频来看，东京成田机场比上海浦东机场在北美洲绝大多数航点上更具有优势，两个航空枢纽在部分航点上竞争较为激烈见图12-6。

上海浦东机场与东京成田机场在洛杉矶航线的竞争情况见图12-7。随着上海浦东机场飞往洛杉矶的航班周频持续增加，上海浦东机场与东京成田机场的竞争加剧。2010—2019年，"东京成田机场—洛杉矶机场"航线周频呈下降趋势，航班周频在40班左右。"上海浦东机场—洛杉矶机场"航线周频与"东京成田机场—洛杉矶机场"正好相反，航班频次逐年递增，稳定在34班左右，但仍旧低于"东京成田机场—洛杉矶机场"航线。

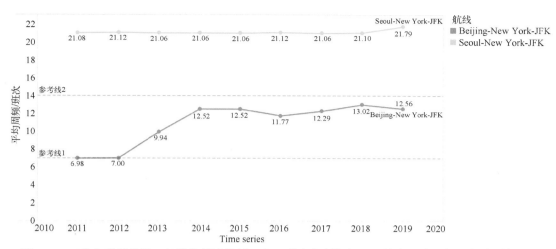

图 12-5 "北京首都机场—纽约肯尼迪机场"与"首尔仁川机场—纽约肯尼迪机场"航线周频对比

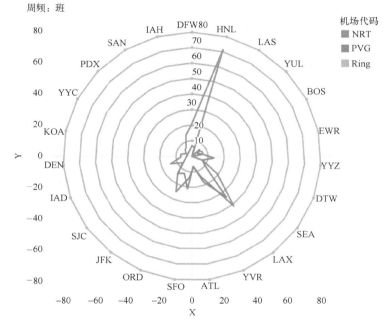

图 12-6 2019 年上海浦东机场与东京成田机场在北美洲通航点周频情况

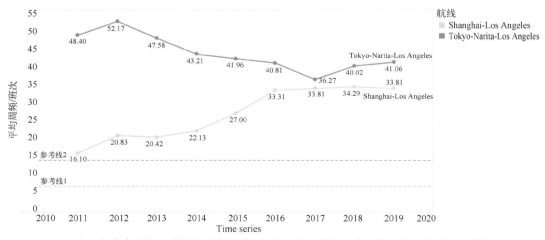

图 12-7 "上海浦东机场—洛杉矶机场"与"东京成田机场—洛杉矶机场"航线历年周频对比

第二节　提高主要国际枢纽干线网络强度

我国三个主要国际航空枢纽在国内市场上，无论是网络厚度还是国内航点覆盖能力均具有一定优势，但在国际市场上，还需提升全球服务能力。结合北京首都机场、上海浦东机场、广州白云机场三个国际航空枢纽现有的国内、国际航线网络基础，对国际枢纽干线网络构建分别提出建议。

一、北京航空枢纽

（一）国内市场干线网络强度提升建议

北京首都机场国内航线网络在覆盖面与航班频次方面，都有着较优异的表现，但是随着北京大兴机场的通航，东航、南航等航空公司转场，北京首都机场的国内干线网络一定程度被削弱。转场后，北京首都机场在各区域的航班周频降低量如图 12-8 所示。航线网络密度受影响最大的为华东地区和中南地区，且航班密度降低幅度最大的都为干线航点航班。建议北京首都机场待时刻新增放量后，依托国航等主基地航空公司，尽快恢复其在国内干线网络的航班强度。

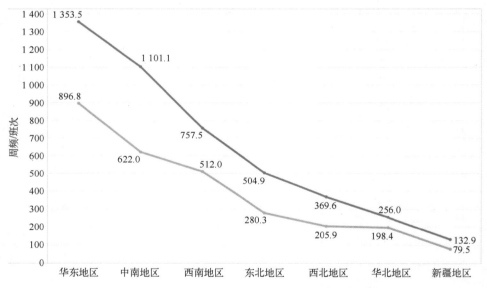

图 12-8　北京首都机场转场后国内各地区周频变化情况

北京大兴机场转场完成后，机场国内航点数量虽然与北京首都机场国内航点数量相当，但通航小规模机场数量较高，100 万量级以下机场 49 个，占转场通航点数量的 42%。北京大兴机场转场初期的国内网络强度整体偏弱。北京大兴机场应发挥南航、东航主基地航空公司在国内机场网络布局的优势，加密主基地国内优势市场通达北京大兴机场的航班频次，提高大兴机场国内干线网络的通达性，拓展北京大兴枢纽国内市场覆盖范围，进一步加强干线网络强度。转场完成后，北京两场的国内航点覆盖范围都为 120 个左右，较原来单机场运营时少。建议北京两场在提高干线网络通达性的同时，增强对我国未通航机场的航线网络覆盖。

（二）国际市场干线网络强度提升建议

提升北京首都机场优势国际干线频次。北京首都机场在欧美远程航线上均略胜上海浦东机场一筹，但与同为东北亚枢纽的首尔仁川机场、东京成田机场相比，即使在北京首都机场区位优势市场欧洲、北美的干线航点通达性都较弱，如图12-9所示。

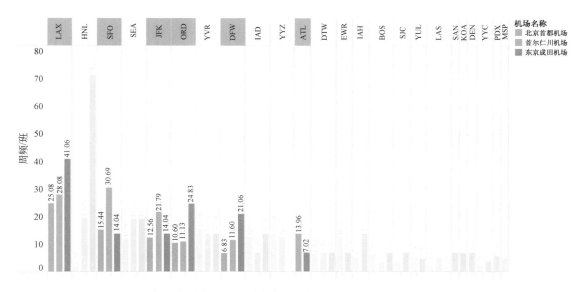

图 12-9　2019 年北京首都机场、首尔仁川机场、东京成田机场在北美地区通航情况

虽然东南亚地区是北京首都机场出港座位运力较多的地区，但首尔仁川机场、东京成田机场，无论在通航点覆盖还是核心航点的航班频次方面都优于北京枢纽，如图12-10所示。

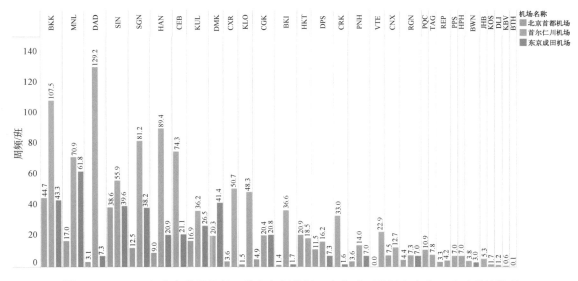

图 12-10　2019 年北京首都机场、首尔仁川机场、东京成田机场在东南亚地区通航情况

建议加快提升北京首都机场通往国际各区域市场干线航点的航班密度，如欧洲、北美、东南亚、东北亚等地区的核心航点班次。同时，拓展北京大兴机场国际市场覆盖范围。北京大兴机场开航初期国际航线网络有了一定基础，覆盖北美、欧洲、大洋洲和亚洲四个区域，连通 20 个国家，

通航国家数量较少，国际航线基础弱。北京大兴机场需增强航权储备，鼓励国内航空公司充分利用现有航权，同时可以考虑引进国际航空公司，通过国际航空公司引入拓展国际市场覆盖范围。

二、上海航空枢纽

（一）国内市场干线网络强度提升建议

优化、完善上海虹桥机场国内精品航线结构。随着上海虹桥机场硬件基础设施资源的饱和，南京、杭州等机场国内网络的丰富，以及长三角地区其他中小机场国内网络的不断完善，上海虹桥机场国内航线网络也可以凭借优质需求覆盖、稀缺的航班时刻资源，不断使得航线结构往最优、品质最高的航线方向迭代。

优化上海浦东机场国内航线网络结构。上海两场都从事国内市场运营，在覆盖区域与具体航点上具有一定差异。上海浦东机场在东北地区、西南地区保持了航线网络连通性的优势。在中南地区、华东地区、华北地区，上海虹桥机场较浦东机场的连通性表现更为优异。在运力份额都较高的中南地区，浦东机场覆盖范围广，但运力投入与航班密度远没有虹桥机场高，建议浦东机场增加至国内重点城市航班密度，优化国内航线网络结构。

（二）国际市场干线网络强度提升建议

提升上海浦东机场北美地区干线航点航班密度。在国际市场上，上海浦东机场国际干线网络厚度优于北京、广州枢纽，尤其是在东南亚、西欧、北美、澳新等市场核心枢纽较高频次的连通。但与首尔仁川机场、东京成田机场相比，部分市场航线网络厚度还有待加强。例如，在北美市场上，东京成田机场无论是覆盖范围还是核心航点强度都优于上海浦东机场（见图12-11）。东京成田机场在北美地区通航23个机场，上海浦东机场通航15个机场，在重叠的15通航点上，东京成田机场有9个通航点座位运力高于上海浦东机场。建议上海浦东机场提升北美地区干线网络强度。

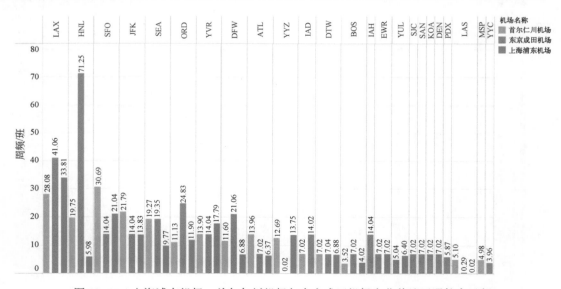

图12-11　上海浦东机场、首尔仁川机场与东京成田机场在北美地区通航点日频

建议上海枢纽加强东南亚地区部分航点干线强度，逐步覆盖非洲、东欧及南美地区。在东南亚市场上，首尔仁川机场与上海浦东机场通航点数量基本接近，但首尔仁川机场绝大多数通航点座位

运力均高于上海铺东机场（见图12-12）。建议上海浦东机场继续加强东南亚地区核心航点干线强度，同时积极开拓非洲和东欧地区市场。

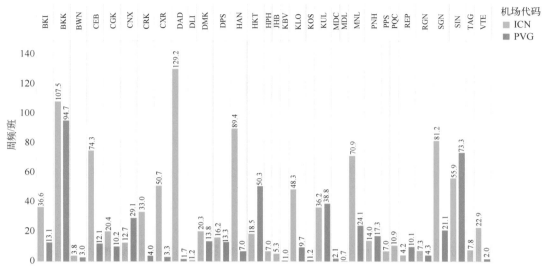

图12-12 上海浦东机场、首尔仁川机场在东南亚地区日频

三、广州航空枢纽

（一）构建强覆盖的国内航空网络

首先，高密度连通国内经济增长极、千万级及省会的干线机场。京津冀、粤港澳、长三角和成渝四大城市群是我国未来经济发展最具活力和潜力的核心增长极，千万级及省会机场体量具备一定规模外，增速较高，有较好的客座率或者中转贡献。建议巩固广州白云机场与京津冀、长三角、成渝等重要经济增长极的连接，同时与省会及千万级的机场保持高联通，提升国内干线厚度。

其次，关注具有增长潜力的副城市中心和次枢纽，增强广州枢纽机场国内网络覆盖范围。我国民航在过去的十余年发展中，干线机场受基础设施条件及航路容量限制，其增速水平慢于次中心枢纽。在"十四五"期间虽然国内干线机场迎来新一轮改扩建任务，但距资源放量仍有一定差距。因此，在努力加密加厚与干线机场的连通度同时，关注具有增长潜力的副城市中心及次枢纽机场，提升广州白云机场航线网络对国内市场的覆盖连通水平。

（二）分阶段构建高通达国际网络

逐步形成与东南亚、澳新高通达，贯通东北亚、南亚、非洲和中东，辐射覆盖欧洲、北美地区的国际航线网络体系。根据广州对外贸易发展和城市功能定位要求，积极响应国家民航强国战略，在做强做大国内市场的基础上，稳健发展国际市场，持续优化提升广州白云机场国际航空枢纽功能，形成多覆盖、有主次的全球航空网络体系（见图12-13）。

东南亚、澳新等地区是广州白云机场的国际优势市场，在东北亚国际市场也表现出相对较好的收益水平。相比于香港机场，广州白云机场在东南亚、东北亚、西欧以及北美地区核心干线市场的航班密度还有待提升。提升东南亚核心干线市场的航班密度以及二、三线市场的覆盖与通达

性。依托南航提升与新加坡、曼谷、马尼拉、胡志明、吉隆坡、雅加达等东南亚核心干线市场的
航班密度。

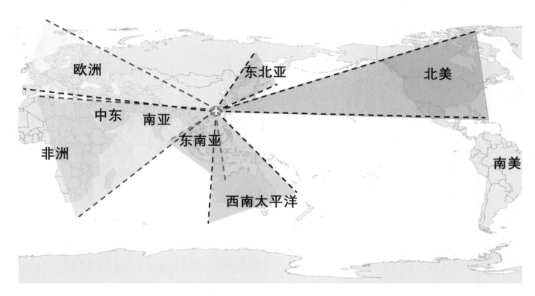

图 12-13　广州白云机场国际航线网络体系

　　同时，依托多种类型航空公司提升对东南亚二、三线市场的覆盖与通达性。增强日韩方向网络
连通度。与香港机场相比，广州白云机场日韩方向上的网络连通度偏弱，在未来国际运输市场拓展
上，东北亚市场应作为重点拓展市场区域之一。建议广州白云机场积极拓展东北亚市场，提升核心
航点干线强度，加强在日韩方向网络连通度。提高北美市场通达性。与北京、上海相比，无论从通
航点数量还是航班频次衡量，北美市场一直是白云机场的弱势市场。随着粤港澳大湾区经济社会蓬
勃发展，本地欧美航空运输需求在持续上升，建议广州白云机场着力提高北美市场通达性，鼓励基
地航空公司增加核心枢纽航班频次。

第三节　加强与其他交通运输方式的连接

一、北京国际航空枢纽综合交通建设

　　提升北京首都机场轨道交通及城市公共交通通达性。北京首都机场并未与高铁站进行衔接，北
京地铁首都机场线是通往北京首都机场的唯一一条轨道交通线路。旅客较多乘坐私家车、出租车、
网约车到达或离开北京首都国际机场，采用轨道交通方式的占比较少。建议加强北京首都机场外部
轨道交通建设，推进轨道交通机场线西延、轨道交通 R4 线一期，推动北京首都机场东区和西区交
通枢纽建设，打造以综合交通中心为核心的一体化换乘体系。北京大兴机场的地面交通网络建设伴
随机场二期、雄安新区建设逐步推进，建议加快推进相关地面交通基础设施建设进度，为京津冀产
业结构调整奠定交通运输基础。

二、上海国际航空枢纽综合交通建设

加快上海浦东机场轨道交通建设，联通上海两场，为拓展上海本市客源腹地市场，吸引长三角地区国际航空客源提供便捷的地面交通基础。上海虹桥机场是综合交通枢纽建设的典范，尤其在空铁联运方面为民航机场与铁路的合作开创了先河。上海虹桥机场与高铁站、城际铁路站、城市轨道交通节点衔接。在与高铁站衔接方面，上海虹桥机场 T2 航站楼西侧与上海虹桥站衔接。上海虹桥站处于京沪、京昆两大铁路干线交汇处，北端引接京沪高速铁路、沪汉蓉快速客运通道，南端与沪昆高速铁路、沪杭甬客运专线接轨。在与轨道交通衔接方面，上海虹桥机场 T2 航站楼站是上海地铁 2 号线，上海地铁 10 号线的换乘站。在长途客运方面，上海虹桥机场与沪宁、沪杭、沪嘉、A9 高速公路等衔接，通往长三角地区。上海浦东机场与上海地铁 2 号线衔接，并未接入高铁站点。

上海机场联络线的建成开通，对于吸引长三角地区及全国范围内的航空客流意义重大。上海机场联络线全长 68.6 km，设站 9 座，从虹桥枢纽站出发经过沪杭铁路外环线，途经七宝、华泾、三林、张江、迪士尼乐园、上海浦东机场等重要地区，最后达到上海东站。现目前上海浦东机场并未与高铁站实现物理连接，公交线路条数也较少，上海虹桥机场到上海浦东机场无快捷方式。上海浦东机场作为亚太地区重要的航空枢纽，打通上海虹桥机场与上海浦东机场，不但可有效拓展上海本市的客源腹地市场，也可为吸引长三角地区国际航空客源提供基础交通条件。

三、广州国际航空枢纽综合交通建设

把握广州白云机场三期改扩建机遇，规划综合交通系统。建议广州白云机场积极配合广州市政府推进《广州白云国际机场综合交通枢纽整体交通规划》落地，加快推进建设白云机场空铁联运专用系统，在 T3 航站楼规划中引入高铁，实现白云机场与高铁站的无缝衔接。推进城际轨道建设，在既有广州地铁 3 号线引入白云机场 T1 和 T2 航站楼的基础上，新增规划引入广州地铁 22 号线和 18 号线，进一步完善白云机场与广州新老中轴间的快速轨道通道。推进高速公路建设，实现 2 小时覆盖珠三角中心城市，具体包括：通过穗莞深（在建）、广佛环（规划）、广清城际（规划）直达佛深莞清，通过换乘广珠、莞惠、广佛肇城际连接珠中江、肇庆、惠州。

丰富市政公交线路，提供低价便捷出行条件。国外航空枢纽的"公交系统"通过促进机场综合交通设施整合、集中统一管理公共交通车辆、优化车辆流线等措施，来缓解机场陆侧交通的拥堵，从而实现陆侧交通资源集约化的要求。目前，广州白云机场只有 1 条公交线路与市区的连接，为公交 708 路（人和墟总站与金港城往返）。市政公交具有公益性、保障性的社会福利性质，对于价格敏感型旅客更具吸引力和便捷性。建议广州白云机场鼓励政府在机场与市区连接方式中增加市政公交线路，提升市政公交旅客分担率。

第十三章
"国际航空枢纽网络中转衔接效率" 提升建议

国际航空枢纽的地理区位决定了其优势航空市场流向。基于各国际航空枢纽运输流向特点，本章从增强国际国内干线网络建设、进行以航班时刻衔接为基础的中转产品设计、加强与其他交通运输方式的接驳效率、协同其他运输方式进行联运线路优化以及提升中转服务流程效率等方面给出"国际航空枢纽网络中转衔接效率"提升建议。

第一节　中转衔接效率提升建议

一、做强国际、国内骨干航线网络

通过前文对 15 个国际航空枢纽航线网络的对比分析可知，我国北京、上海、广州等国际航空枢纽，属于具有强腹地特征的国际枢纽类型。这类航空枢纽拥有较大规模的国内运输市场，同时还要承担国际或区域经济社会发展对国际交往运输需求的责任。面向国内市场的干线网络，以及面向国际市场骨干网络的构建，是国际航空枢纽作用发挥的基础和前提。中转旅客规模及衔接效率的提升，需要以高频次的国内国际骨干网络构建为基础。建议我国北京、上海、广州等国际航空枢纽，根据各自已有网络特征及自身区位特点，做强国内、国际干线通道。

二、以航班时刻衔接为基础的"空空中转"服务产品设计

国际航空枢纽航线网络建设最终面向的客户是旅客。需要在对旅客出行习惯、旅客流向等内容进行分析的基础上，进行中转服务产品的设计。中转服务产品的设计从大类上看，包括两个层次的产品：一是"空空中转"服务产品，二是"地空中转"服务产品。

在"空空中转"服务产品中，包括"国内转国内""国内转国际""国际转国际""国际转国际"四种类型。根据每个航空枢纽所处地理区位，其优势中转市场不尽相同。例如，广州白云机场位于我国南部区域，其"国内转国内"的中转市场潜力较弱；但北京首都机场具备较好的南北方向的"国内转国内"市场潜力。上述四种类型"空空中转"服务产品，都需要依靠航班时刻的衔接得以实现。充分利用枢纽机场的时刻资源，提高航班衔接效率，在最短的航班衔接时间内提供最多的中转衔接服务机会，在提高航空公司自身竞争力的同时，提高机场运行效率。例如，在"广州—

马尼拉"航线上，我国二、三线机场中，郑州机场为其提供了最多的中转客源，中转占比为11.13%，其次是武汉天河机场，中转旅客贡献占比约为8.5%，长沙黄花机场和成都双流机场为"广州—马尼拉"航线贡献的中转旅客紧随其后。

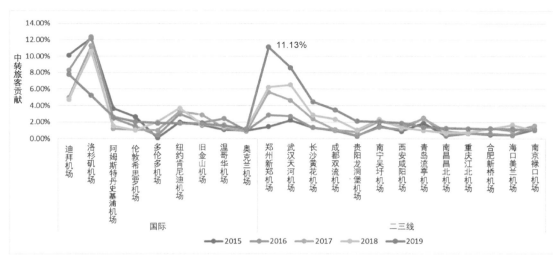

注：图中选取了2019年为马尼拉航线贡献中转旅客占比在1%以上的所有机场

图13-1 2015—2019年"广州白云机场—马尼拉机场"航线中转旅客来源分布及贡献

通过广州白云机场主基地航空公司南航在国内—国际方向上的航班衔接情况，可以发现，对于为马尼拉航线提供较多中转客源的郑州机场和武汉机场，航班衔接效率较差。南航在8点有一班马尼拉方向的出港航班，之后在8—20点之间，来自郑州和武汉机场的11个航班的旅客仅能通过南航在14点和20点的2个航班飞往马尼拉机场，航班衔接效率较低。如果提高中转产品设计及衔接效率，需要对航班时刻进行调整。建立以航班时刻衔接为基础的中转服务产品设计体系。

三、加强以航空枢纽为核心的综合交通体系建设

在"地空中转"服务产品层面，包括"空铁联运""空巴联运"等产品类型，因此也常用"地空联运"这一名词代替"地空中转"概念。"地空联运"服务产品的成功实施首先取决于地面交通方式与航站楼的接驳效率。地面交通方式与航站楼的接驳效率要受到航站楼构型、规划设计的影响。例如，上海虹桥机场与北京大兴机场的综合交通属于不同的布局方式。上海虹桥机场航站楼与高铁的连接属于平面布局方式，北京大兴机场航站楼出发大厅与高铁的连接方式属于垂直型布局方式。不同的布局方式，对旅客在不同交通运输方式间的接驳效率有直接影响。

以北京大兴机场为例，北京大兴机场地下二层设有轨道交通站，地下一层是广场式换乘中心，东西两侧是城际铁路和高铁，中间三条是机场专线和地铁，地上一层是国际到达层，地上二层是国内到达层，三层是国内自主快速通关层，四层是国际出发和国内行李托运层。

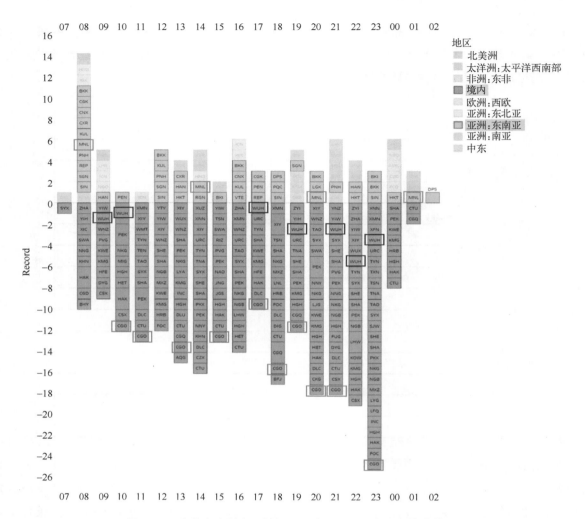

图 13-2　南航在广州白云机场"国内—国际"航班抵离港情况

北京大兴机场轨道交通换乘形式是非同台换乘的站厅换乘。地铁站位于航站楼（轨道交通站厅）B1 层。旅客一般在航站楼一、二层出站，如果要乘坐机场快轨离开机场，就需要乘坐电梯或扶梯到在 B1 层换乘地铁。由于地铁站位于航站楼内部，只是航班的到达层与轨道交通站厅楼层不同，乘客换乘只需在航站楼内沿着地铁换乘流线就能完成换乘，即为非同台换乘的站厅换乘。

机场停车楼位于机场北侧，分为东西两栋停车楼，停车楼共有四层，包括计时区、网约区、长时区、AGV 区。乘坐不同类型汽车到达机场的旅客通过不同的引导标志和通道到达机场大厅，见图 13-4 和图 13-5。

北京大兴机场巴士分为市内巴士和省际巴士，市内巴士主要服务于有往返于大兴机场与北京市内需求的旅客，省际巴士主要服务往返于大兴机场与北京周边城市需求的旅客。机场巴士乘车地点位于航站楼一层市内巴士候车区（航站楼东侧），见图 13-6。乘坐机场巴士到达机场的旅客通过不同的引导标志和通道到达机场大厅。

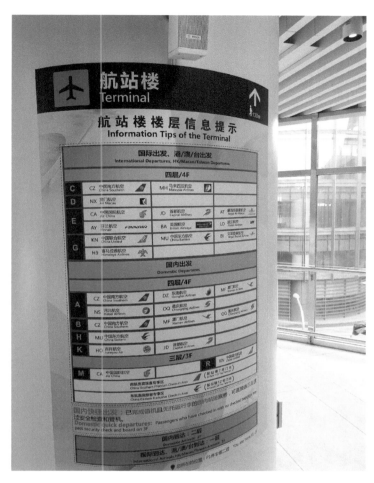

图 13-3　北京大兴机场航站楼楼层信息

图 13-4　停车场内指示

图 13-5　航站楼与停车楼相连走廊指示

图 13-6　市内巴士乘坐指示

机场的硬件基础设施建设是机场的"基因",对未来航空客货运流程效率起到决定性作用。建议在机场新建或改扩建初期,充分将运营航空公司诉求、机场未来战略定位、主打航线产品、中转产品特征及流向等一并考虑,提高机场建设投入使用后的可用性、适用性。

四、协同其他运输方式对联运线路进行优化

"联运线路的覆盖广度与频次"对"地空联运"产品上规模、提质量同样产生重要影响。地面

交通线路覆盖越广泛，机场辐射的旅客范围就越广；地面交通线路的频次越高，在相同区域范围内，其为旅客提供的出行选择产品时间段越广泛、便捷。这条原则对铁路、市政公交、机场大巴等运输方式都适用。

例如，在粤港澳大湾区机场群中，香港机场、广州白云机场与深圳保安机场在珠三角地区都开通了机场大巴服务，但三个机场所辐射的市场区域及市场深度不同。香港机场通过开通机场大巴，对珠三角地区高收益市场客源形成强吸引。地面交通线路覆盖广度与频次，对联运旅客的吸附程度将产生较大影响。建议各航空枢纽根据重点市场需求情况，以航班、客流、时间作为调配的主要依据，对联运线路进行设计、优化。

五、提升中转服务流程效率

海关边防单位的口岸便利性是中转流程中的关键一环，也是目前制约我国国际航空枢纽国际方向中转效率的主要问题。建议在航空枢纽建设过程中，积极争取海关边防单位支持。可通过宣传引导、增加沟通等方式，增强海关等相关部门对于中转保障机制重要性的认识，帮助其了解中转流程保障的意义，争取海关联检单位的政策支持，给予国际旅客一定的口岸便利性。在行李方面，通程行李免提是制约航空枢纽中转流程效率的关键因素。建议航空枢纽机场和航空公司加大与联检单位的合作力度，争取支持国际航线上实现全方向的行李通程免提。

第二节 其他国际枢纽优秀案例借鉴

一、伦敦希思罗机场中转效率行动借鉴

星空联盟在伦敦希斯罗机场的"同一屋檐下"战略，缩短了联盟内航空公司的中转衔接时间。星空联盟成员航空公司在同一航站楼运营，共用机场设施，如值机柜台、行李设施、中转柜台、休息室和办公区域等。同时采用统一的产品和服务，如机场标牌、自助值机设备及高水平的行李中转服务和高端常旅客服务等；以及共用信息系统、实施联合采购等行动。星空联盟机场团队与机场定期沟通行李、中转等运行方面的问题。同一航站楼的旅客最短中转衔接时间远低于跨航站楼的中转衔接时间，希思罗机场每个航站楼集中运营同一个航空联盟，在某种意义上缩短了同盟内航空公司中转的衔接时间。

推动生物识别设备和人脸识别系统应用，以节约旅客安检时间，提高通行效率。伦敦希思罗机场推出人脸识别安检服务，旅客在办理值机→安检→登机的过程中，不必多次出示相关身份证件，全程"刷脸"便可无阻碍通行，旅客只需要在手机 App 上，上传登机牌、护照、照片等信息，即可免除了出示纸质证件的流程，这将节约每位旅客 1/3 的安检时间。

二、巴黎戴高乐机场中转效率行动借鉴

以完善的综合交通、高效的接驳效率扩大机场辐射范围。巴黎戴高乐机场一共有 T1、T2、

T3 三个大航站楼，T2 作为主要航站楼，又被分成了 7 个小航站楼，成花瓣形对称排列。T2 航站楼有高铁站接入，高铁 TGV 直接连接到 2 号航站楼，并可通过陆侧楼间摆渡快轨连接 1 号航站楼和 3 号航站楼。巴黎戴高乐机场与区域快铁系统 RER，以及高速铁路 TGV 系统相连，在 2 号航站楼设站，乘客可以通过通道和自动扶梯直接搭乘开往巴黎或法国及国外其他城市的列车。戴高乐机场周边有多条等级不同的公路。其中作为大巴黎地区南北向的主干道 A1 公路，从整个机场地区的西部自北向南穿过，是进入机场地区最主要的入口，在东面与巴黎的环城公路相交。

巴黎戴高乐机场快线（CDG Express）是巴黎一条计划中的机场快线，将连接市区的巴黎东站和东北郊的戴高乐机场，预计于 2023 年建成。欧盟将出资 13 亿欧元资助法国戴高乐机场快线建设。届时，从巴黎东站出发，只需 20 分钟就可抵达戴高乐机场 2 号航站楼。

三、阿姆斯特丹史基浦机场中转效率行动借鉴

阿姆斯特丹史基浦机场位于荷兰阿姆斯特丹城西南部 15 千米，是天合联盟的总部所在地。但荷兰国土面积只有 4.18 万平方千米，人口 1 650 万，属于"弹丸之地"，国内航空市场过小。史基浦机场积极发展多式联运，通过给旅客创造极佳体验，并给航空公司提供高质量服务，以此提高中转客源。

利用新技术，提高旅客登机便利程度。阿姆斯特丹史基浦机场是全球第一座引进条形码行李牌的机场、第一座使用机器人装卸行李货柜的机场，也是第一个使用虹膜辨识通关的机场。阿姆斯特丹史基浦机场还斥资 3 300 万欧元，把 RFID（无线射频识别技术）引入了旅客行李处理系统。在行李提取大厅安装了数个大型显示屏，让旅客能直观地看见行李处理的实时情况，并掌握行李需要多长时间可以领取的信息。机场的自动化程度非常高，除了常规的自助值机设备、自助托运行李设备之外，还有先进的自助转机服务系统和自助过境服务系统，利用基于虹膜识别技术的 Privium 安检系统，旅客可持 Privium 芯片卡在虹膜扫描机前验证身份后进行安检和登机。

阿姆斯特丹史基浦机场基础设施完备。机场是单体航站楼，拥有 3 个出发大厅和 4 个候机区及 B、C、D、E、F、G、H/M 共 7 个指廊；以及 165 个登机廊桥，其中 18 个支持宽体客机停靠，G9、E18、E22 支持 A380 型客机停靠。1 号出发大厅连接 B、C 指廊，并与 2 号出发大厅共用 D 指廊，为申根区专用出发大厅；其中 B 指廊设 14 个登机口，C 指廊设 21 个登机口；2 号出发大厅连接 D、E 指廊；D 指廊为两层结构，下层为 D1~D57 登机口，供非申根区航班使用，上层为 D59~D87 登机口，供申根区航班使用。E 指廊有 14 个登机口，供非申根区航班使用。3 号出发大厅连接 F、G、H/M 指廊。F 指廊有 8 个登机口，主要供天合联盟成员使用。G 指廊设 13 个登机口。H/M 指廊设 8 个登机口，供低成本航空公司的航班使用。

阿姆斯特丹史基浦机场 1 号出发大厅共设有 4 个值机岛，2 号出发大厅共设有 4 个值机岛，3 号出发大厅共设有 8 个值机岛。机场航站楼内设有史基浦购物广场（Schiphol Plaza），可供旅客休闲购物。机场拥有 KPN 网络中心，可提供多种自助网络设施。KPN 网络中心位于 1 号和 2 号出发大厅的入境护照检查口另一侧的区域，全天 24 小时开放。

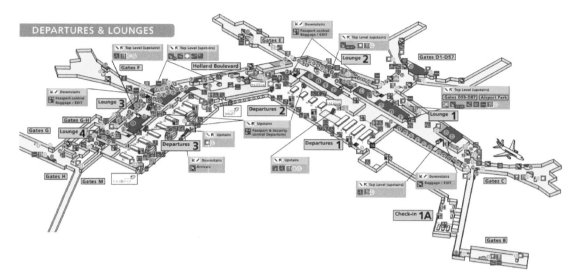

图 13-7　阿姆斯特丹史基浦机场航站楼出发层分布

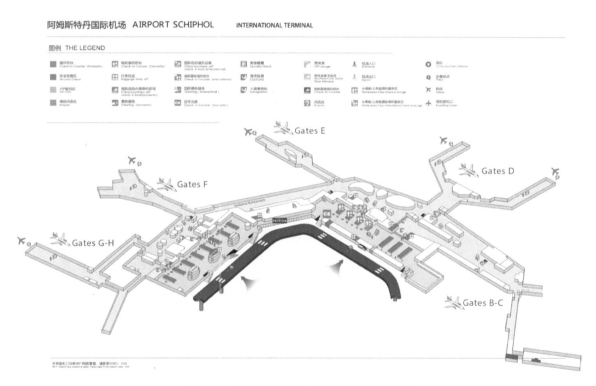

图 13-8　阿姆斯特丹史基浦机场值机岛分布

第十四章
"国际航空枢纽运行效率及服务" 提升建议

本章基于我国主要参评国际航空枢纽在运行效率及品质方面评估结果，以中国民用航空局提出的"智慧民航"建设为基础，从新技术应用提升机场运行效率、客货运输流程效率方面提出增强航空枢纽效率及品质的建议。最后，从新技术应用提高服务品质、提升运行效率、增强在安全管理方面的应用等角度，总结其他国际航空枢纽优秀的做法。

第一节　"智慧民航"建设相关政策

以新一代信息技术融合应用为主要特征的智慧民航建设正全方位重塑民航业态、模式和格局。为积极应对未来超大规模航空市场发展需求和环境约束挑战，国际民航组织、相关协会及航空运输较为发达的欧美国家，都提出了相关的航空科技计划及远景规划。我国国民经济和社会发展"十四五"规划纲要专篇布局数字中国建设，明确提出了建设智慧民航的任务。中国民航航空局连续印发了《推动新型基础设施建设促进民航高质量发展实施意见》《推动新型基础设施建设五年行动方案》《中国新一代智慧民航自主创新联合行动计划纲要》，出台了《四型机场建设行动纲要（2020—2035年）》《四强空管行动方案》，制定了《中国民航新一代航空宽带通信技术路线图》《机场无人驾驶设备应用路线图（2021—2025年）》等系列文件，智慧民航建设内涵不断丰富。

为了更好指导智慧民航建设，2022年1月，中国民用航空局发布《智慧民航建设路线图》（以下简称"路线图"）。路线图中指出智慧民航的发展目标为：建成透彻感知、泛在互联、智能协同、开放共享的智慧民航体系。民航发展方式实现深刻变革，安全基础更加稳固，运行保障更加高效，运输服务更加便捷，治理体系更加完善。智慧民航成为智慧交通建设的先行示范、数字中国建设的先导产业，为全球民航创新发展贡献中国方案，有力支撑新时代民航强国建设。智慧民航建设总体设计如图14-1所示。按照"体系发展引领、分域模块构建"的思路，智慧民航总体设计分解为五大主要任务、四个核心抓手、三类产业协同、十项支撑要素、48个场景试点，实现完备的智慧民航运输系统、完备的产业协同发展体系、完备的改革创新推动机制、完备的科技成果转化链条和完备的运行基础设施环境。

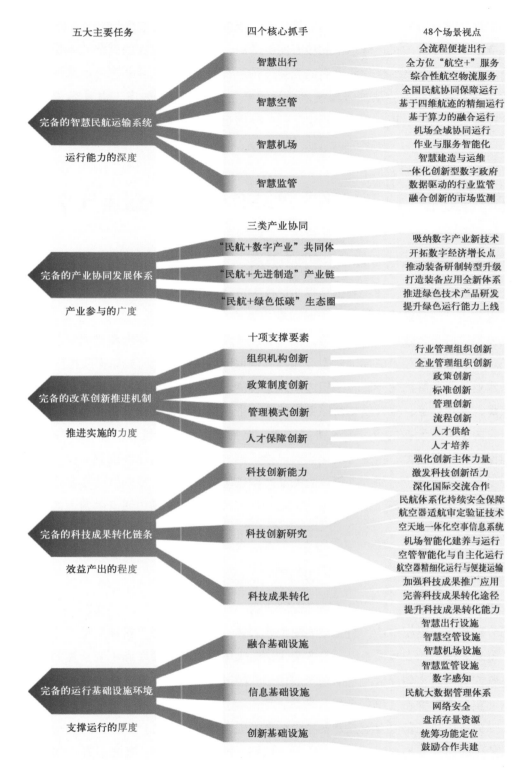

资料来源：《智慧民航建设路线图》

图 14-1　智慧民航建设总体设计

　　智慧民航建设的四个核心抓手为智慧出行、智慧空管、智慧机场与智慧监管。其中智慧机场建设的主要内容是，围绕四型机场建设，加强机场航班、旅客和货邮的服务能力，推进机场运行协同化、服务人文化、作业智能化，提升机场保障能力、服务水平和运行效率。

国际航空枢纽作为我国机场体系中的核心网络节点，对民航运输业的整体效率提升，航空客货运输新需求的满足、服务产品优化等方面的重要作用不言而喻。建议紧密结合智慧民航中"智慧机场"的应用场景及建设任务，从加强新技术应用提升枢纽机场运行效率，提升客货运服务能力角度，进行管理模式及制度创新，探索我国国际航空枢纽运行效率及品质提升的路径。

第二节　依托"智慧机场"建设提升航空枢纽运行效率及品质

一、加强机场运行效率方面新技术应用及开发

推进全要素数字化工作，在主要国际枢纽优先完成飞行区感知设备智能互联。加强在多种信息源的融合，提高机场的智能决策能力，同时以数据重构带动流程再造，实现多主体协同高效运行。提高对航空公司航班运行效率和质量保障，能够实现签派放行、机组调配和维修保障等航班运行控制智能辅助决策。通过新技术应用，航空公司与其他保障主体间的运行效率得到提升。

在机场作业与服务智能化方面，积极应用人工智能、大数据、物联网、智能机器人等技术，推进飞行区保障无人化作业，提升航站楼服务智能化水平。推进无人驾驶设备和智能装备的应用，逐步实现飞行区内全类型设备的少人无人协同作业，增强机坪运行安全技防水平，降低机场设备能耗，提升地面保障协同能力。推进智能化实时风险识别技术应用，实现对围界入侵、滑行冲突、无人驾驶航空器与飞鸟入侵、道面异常等风险的动态识别与智能决策。提升航站楼全流程自助设备应用水平，实现无纸化通关设备、信息化系统、生物识别技术、智能场内服务的贯通式应用，推进航站楼可视化管理。

二、推进新技术在旅客服务流程中的应用

（一）加强新技术应用，提升机场旅客安检效能

借鉴部分欧美航空枢纽做法，将主动式毫米波人体成像技术应用于机场安检工作。当旅客通过这类搭载了毫米波技术的安检设备时，设备会主动向人体发射不同频率和不同角度的毫米波，并根据由人体皮肤或衣物内物体反射回来的毫米波信号，经过一系列成像算法处理等过程能快速构建人体成像，从而实现违禁物品（例如金属、液体、粉末等）自动识别与检测。

我国大部分枢纽机场仍以金属探测安检门结合人工全身检查的方式开展人体安检工作。采用金属探测技术的安检门只能检测到金属物品，无法识别与检测例如液体、粉末等非金属物品；必须配合人工搜身检查，增加了安检人员的劳动强度，同时还导致安检效率低下，甚至存在安检盲区。

相比于传统的安检方式，毫米波人体成像技术具有安全性高、安检质量优、安检效率高、指向性强等特点。在安全性方面，除电磁辐射强度低外，毫米波人体成像安检全过程为非接触式自助安检，安检员与旅客之间不存在任何接触；在安检质量方面，对多种材质违禁物品的探测能力更强，能确保人体安检的全方位无死角、能保证安全检查的彻底性；在安检效率方面，克服了传统安检耗

时又耗力的缺点，提升安检质量和准确性，有效降低安检员的工作强度，大幅度提高安检工作效率；在安检指向方面，该技术能快速、准确地定位嫌疑物品位置，指向性更强。

（二）积极应用 RFID，打造智能行李系统

RFID 又称无线射频识别，是通过无线电信号识别特定目标并读写相关数据的技术。当旅客托运行李时，工作人员将行李牌号码、航班号、出发港、到达港等信息写入行李牌内嵌的芯片中，带有芯片信息的托运行李经过分拣、装机、到达、提取等各个环节节点时，这些行李数据信息就会被设备自动采集到后台数据库，从而实现行李运输全流程的准确追踪，提高了行李安全运输水平。

RFID 行李追踪技术，相较于传统光学扫描识别，能够对旅客托运行李全流程进行有效监控，落实每个操作环节和操作人员的责任，保证行李分拣的准确性，能够快速查找和挑出特定旅客的行李，保证旅客行李的安全，提高旅客满意度。推进 RFID 技术在我国枢纽机场的运用，可提高行李服务质量。

（三）大数据与人工智能相辅相成，提升旅客出行体验

人脸识别是基于人的脸部特征信息进行身份识别的一种生物识别技术，用摄像机或摄像头采集含有人脸的实时图像或视频，并自动检测和跟踪人脸，进而对检测到的人脸进行识别，从而实现快速身份认证。人脸识别已成为智慧机场建设中的新标配，可帮助旅客减少值机的排队时间，有效提升服务精准度，使旅客感受到智慧出行的轻松与便捷。

三、加快新技术及新设备在货邮运输业务中的应用

整合航空物流产业链上的多方主体，提升航空物流数字化、智能化服务水平。推进无人驾驶技术应用，提高机场运作效率。相比以往司机驾驶车辆，无人驾驶拖车无须考虑人力问题，在天气恶劣情况下仍能操作，可减少人为因素带来的意外率，保证安全运输，并提高操作效率，提升物流可靠度。机场从"劳动密集型"的传统物流转型升级为"智慧物流"，可提升机场物流效率，降低运营成本与安全风险。

加强智慧机坪建设，提高机场货运区的运行时效，节约人力成本，加快场区内货物周转效率。从货机卸货、到港运输、进入航空货站、离港运输、货机装机等全过程，实行全自动无人化工作流程。机坪逐步采用全自动技术，提高机场货运区的运行时效，提高场区内货物周转率。在货运站内部采用 AGV、RGV 等智能设备，节约运营成本、提高服务效率。

第三节　其他国际航空枢纽优秀案例借鉴

一、新技术应用提高服务品质方面

新加坡樟宜机场的智慧化发展为旅客提供了自主、自助、无缝和实时交互的服务。大量的旅客自助服务及基础设施为旅客节省了大量值机、安检、登机的排队时间。例如：旅客可在自助值机柜台办理值机、行李标签打印，行李托运服务；构建基于人脸识别的自助入关及登机系统，通过人脸

识别以快速检验旅客有效身份，使旅客经过登机口以及确定旅客的座位；建设集成订单管理系统，旅客在线查看和预订航班服务及商品。新加坡樟宜机场 T4 航站楼推出一整套"快捷与顺畅通行"（fast and seamless travel，FAST）措施。采用脸部特征识别技术，除安检外，办理登机手续、托运行李、移民通关、登机全程无须与机场职员接触。

巴黎戴高乐机场应用大数据、人工智能等新技术，提升旅客体验。机场应用新技术，如打造安检墙、推广机器人助手、无人驾驶、行李托运、语音识别技术等，以完成客户服务之间的协作工作，并定期推出创新计划和试验新兴技术。例如：机器人和无人机、生物识别控制和自动化（消除旅客过程中的物理障碍，创造无缝流程）、传感器部署（用于流量和等待时间监控，以提高运营效率）、自动驾驶车辆（有助于改善机场航站楼的可达性和流动性）等。

芬兰赫尔辛基机场通过自动化提高效率，开展人脸识别试点项目。芬兰赫尔辛基机场和芬兰航空公司正在芬兰航空公司的优先登机处测试人脸识别应用程序。通过一次注册（通过自拍完成），客户可以通过面部识别在赫尔辛基机场登机。日本成田机场积极启动身份验证项目，启用外国乘客人脸识别出境及海关电子申报。乘客只需在手机 App 上填写申报内容，之后持机票进行人脸认证，即可通行。韩国机场公社建立了生物特征识别服务系统，旅客可以在安检之前通过韩国机场公社的生物识别程序完成身份验证，无须出示身份证。

二、新技术应用提高运行效率方面

（一）远程虚拟塔台技术

远程虚拟塔台技术是指为偏远地区的小型机场提供远程管制服务的技术，管制员并不能通过所在塔台的窗口直接观察到所在区域机场的飞机，而是通过将现场的实时视频信号传输到远方管制室来实现对飞机的远程指挥。这种技术可以有效地节省人力、物力资源，节约成本。此技术能力体现在位于航站楼内的虚拟机坪塔台上。塔台作为机场运行控制中心的一部分，控制着 350 余个停机位及所有机坪的运作。伊斯坦布尔机场安装了智能导视系统，可帮助旅客迅速在航站楼内找到自己的目的地。

（二）智能化系统

Finavia、Fourkind 和 Reaktor 三家公司提出了一种优化飞机停放的系统。这种首创的自动飞机停放系统为所有机场运作提供信息，从决定路线到分配值机柜台，再到给予着陆许可。该系统以数据科学为核心，根据所有可用的飞行数据，在数秒内建立一个数学上完美的计划，同时还考虑到设置规则和偏好，比如将非申根国家的飞机分配到离护照检查处最近的登机口。

斯德哥尔摩阿兰达机场采用排队时间预估系统，采集数据供瑞典机场集团进行分析，从而进一步优化业务流程。为满足当下及未来旅客、航空公司及其他商家的需求，斯德哥尔摩阿兰达机场正在继续推进基础设施建设，提供灵活、高效的解决方案。此外，机场航站楼周围的土地正在开发之中，未来的斯德哥尔摩阿兰达机场将成为配备有旅馆、办公楼和物流区的"机场城市"。

香港机场停车场设有车位预约系统，可以提前进行预约，并有道路交通拥堵警报，以此来减缓交通拥堵状况。其自我导航系统，全面实现"只要跟着就可以到达目的地"，并且可以翻译为九种语言，为旅客提供便捷服务。设置有行李到达通知及自动自助办理登机手续，使柜台不再排起长队，极大地节约了旅客的时间，改善了旅客体验。同时，采用人脸识别技术，为旅客简化登机手续。航站楼内设有巡逻机器人，并且利用高速无线网络、物联网、5G 以及为香港国际机场运作而设的专用流动网络，全力打造智慧机场。

（三）数字化平台

为了应对未来的变化而改进的数字操作过程被称为数字化。数字化（从模拟转变为数字）通过应用数字技术在机场和后台办公室进行业务操作，改善旅客体验，创造了新的业务模式。在机场中合理开发利用人工智能程序，可以有效缓解航班延误给旅客造成的困扰。

泰国机场集团（AOT）数字平台作为一项创新应用，除了服务于内部管理，还可以与其他机构进行对接，在方便旅客的同时提高机场服务效率。平台模型分为 4 个主模块，机场运营和服务均在平台上完成。

平台模块 1：AOT 机场应用程序（机场活动状态）。该平台供乘客使用，旅客可获得包括航班、行李和航站楼内设施在内的相关设施和服务信息。该平台下一步将添加增强现实技术（AR）和机器人技术，为旅客提供更多便利。

平台模块 2：AOT 运营（仪表板）。机场运营平台是对现有信息通信技术系统与机场运营流程的结合，可在各个区域发布紧急预警，与相关单位进行信息交流，并预测服务准备的情况。

平台模块 3：AOT 员工工作平台。顺应未来数字化趋势，AOT 员工可以通过各种设备（如台式计算机、笔记本计算机、平板计算机和智能手机）登录同一平台进行工作，并随时随地获取需要的信息。在不久的将来，AOT 将实现内部工作流程的数字化。

平台模块 4：AOT 货运。自由区货物装卸和工作流程平台。该平台目前还在研发过程中，目的在于提高便利性，减少工作时间，在各项流程中为客户提供方便。

人工智能试验。由于芬兰蓬勃发展的旅游业的季节性需求，到了节假日，旅客们为了一睹北极光和圣诞老人的风采，蜂拥而至。骤增的旅客使机场的停机位需要容纳比平常数量更多的飞机，同时也需要确保有足够的机场巴士运送旅客。此外，不可预测的天气常常加剧了航班的延误。芬兰机场运营商 Finavia 计划使用人工智能（AI）来帮助减少赫尔辛基万塔机场的延误，此前该公司在基蒂莱机场的 AI 试验中取得了显著的效率提升和成本节约。

三、新技术在安全管理方面的应用

新加坡樟宜机场实行安全分区，采用系统工程的方法来评估旅客通过机场的威胁倾向，建立旅客白名单。利用智能安全行为评估工具，采用映射安全技术，提高效能和效率（更高的命中率和更低的误报），使用脑电波触发反应动作，节省运动反应时间，结合专家的脑波和计算机视觉 AI 评分的威胁，进行技术验证。

以色列本·古里安机场的"敌意检测系统"测试眼部活动，比虹膜指纹还精确。眼动反应设备衍生出的敌意检测装置，可以同时测定受试者皮肤的温度、心率、出汗、血压和呼吸变化等多达 14 项参数的装置。当这套设备开始工作时，设定一个"生物基准线"，所有这些读数几乎都是瞬间采集完毕。在随后 30 秒的时间内，机器将会显示一个使那些涉及恐怖主义的受试者出现反应的刺激主题，而普通人对此主题并无反应。旅客扫描眼部无误便可登机，省去了烦琐的安检步骤。

被敌意检测装置测出有较高嫌疑的旅客会被转送到"自动生理记录仪"处。这种基于问答式侦测技术的机场设备本质上是自动扫描记录脉搏、呼吸速率的多种波动描记器。这种设备包括一个小隔间，旅客可以坐在里面，然后戴上耳机来回答问题。问题在显示在屏幕上的同时，也会用语音读出。旅客将左手置于特别的支架中，传感器从旅客的眼睛和左手中读取并记录从皮肤电导率到皮肤运动的一系列数据。检测仪器以机体对这些问题的下意识生理反应为依据，将所有信息收集归拢并通过计算机算法进行统计分析。大多数受试者的信息将会在一分钟后删除。极少数人将被要求继续回答更多的问题，这将持续五到七分钟。随后机器将决定受试者的信息应该清除或者受试者应当接受人工审讯。

　　还有很多极具创造性的技术，比如"痕迹侦测"设备。这种设备能够检测出所有类型的密封包——不论是手提行李还是货物集装箱中含有的爆炸物粉末，旅客甚至都不用把笔记本计算机或其他设备拿出来进行检查。行李包在通过机器的同时，分析结果就可以出来。这一设备可以检测出小到一微克的已知爆炸物，而现阶段用于扫描爆炸物的中子探测器，也只能发现 0.1 克的爆炸物。这项技术在使机场的安检速度加快的同时也增强了安全性。

第十五章
"国际航空枢纽财务品质"提升建议

我国北京首都机场、上海浦东机场及广州白云机场在财务品质对比上，普遍存在总收入水平、非航收入、利润总额偏低的情况。本章结合我国内地三个主要国际航空枢纽财务状况特点，从优化空港产业业务结构、创新非航业务范围及经营模式等方面提出改善财务品质的建议。

第一节　主要国际航空枢纽财务现状

通过对 15 个国际航空枢纽 8 个底层指标值标准化后的对比（见图 15-1）可知，我国参评的北京首都机场、上海浦东机场与广州白云机场与其他国际航空枢纽对比，在流动比率、资产负债率、净资产收益率等方面的表现较好。但同时普遍存在总收入、非航收入、利润总额、人均旅客收入偏低的现象。这与我国航空枢纽所在机场集团对枢纽机场定位，以及所开展的业务结构相关。

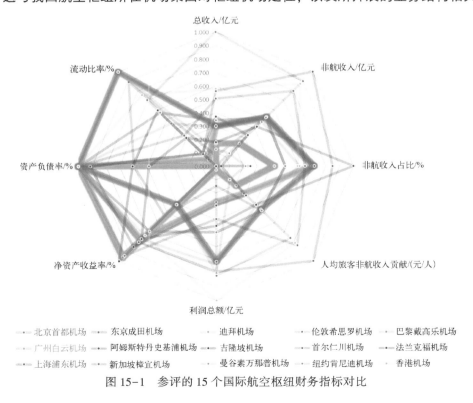

图 15-1　参评的 15 个国际航空枢纽财务指标对比

国际航空枢纽财务品质的提升，需要从优化空港业务结构、创新非航业务范围及经营模式，以及提升财务管理能力等多方面着手。

第二节　优化空港产业业务结构

一、空港产业多元化经营战略

（一）企业多元化理论

企业多元化战略是指企业在原主导产业范围以外的领域从事生产经营活动。它是与专业化经营战略相对的一种企业发展战略。多元化是企业经营的基本战略之一，是企业在单一产品或业务经营达到一定规模、同时也具备一定的扩张实力后会进行的战略选择。当企业经营达到一定规模后，如果选择继续扩大规模、提高竞争力，则属于实施专业化经营战略；如果选择投资其他领域、对其他业务进行扩张、分散经营风险，则属于实施多元化发展战略。

多元化作为一种经营战略，其本身并无优劣之分。实施该经营战略的成败，关键在于企业的内外部环境和所处的发展阶段是否适合多元化，以及选择的多元化业务是否适合企业。一般来说，多元化战略能够使企业的收入和利润更加稳定，有利于实现资源共享、分散经营风险，通过覆盖产业链能够提高控制力和整体竞争力，产生"1+1>2"的效果。但同时，多元化战略也可能造成资源的分散，增加管理的难度，造成运营效率下降和管理成本上升，也可能会增加系统性风险，不仅不能提高主业竞争力，还可能会因某项业务而拖累整体效益。

（二）机场业务多元化发展路径

多元化经营作为机场可持续成长的重要途径，世界各大枢纽机场几乎都经历了从单一发展主业到拓展非航空性业务，从追求规模经济到形成范围经济的多元化过程。研究国内外较具规模的机场业务发展路径，可以发现，基本遵循以下三个发展阶段的成长路径，即规模效益阶段、发展成长阶段、多元化经济阶段。

1. 规模效益阶段

这一阶段，机场公司的主要目标和核心任务是做大机场的客货流量规模，主要提供保障基础服务，此时机场实际是对其业务的专业化经营，通过不断扩大再生产达到规模效益。该阶段机场公司主要聚焦航空性业务，如飞机起降、旅客安检和值机、货物安检等，以客货流量驱动发展，获得收益。

2. 发展成长阶段

这阶段，机场的客货流量价值已经开始体现。机场依托客货流量开始涉足更多业务领域，提供一定的商业服务，比如广告、餐饮、酒店、旅行社、商业租赁、贵宾服务等。此时机场公司已经开始多元化的发展，业务拓展类型更多的是相关多元化的经营，率先拓展与主业联系最为紧密的业务，便于把握市场，提升流量价值。

3. 多元化经济阶段

随着客货运输规模的增加，机场公司业务多元化的程度也随之提升，公司最终由单一的航空运输企业成长为以资源为纽带的多元化企业。这阶段，机场公司的发展不再仅仅依靠机场的客货流量，而是各类相关资源的整合集结。机场公司业务拓展朝着无关多元化方向进行，临空经济、高端制造业、咨询投资等不同的产业，将共同构建出企业的多元化收益。

从我国参评的航空枢纽空港产业布局来看，业务类型已经走在多元化经营的道路上，具有明显的多元化运营趋势。航空枢纽通过精细化主业发展，做大做强空港产业，推动航空枢纽业务效益提升，提高整体收益。在航空枢纽产业多元化发展过程中，明确多元化发展方向、业务间的协同、盘活非航业务资源、采用适宜的管控模式等因素对航空枢纽业务多元化发展起着重要作用，是多元化经营中关注的重点内容。

二、依托资源基础明确多元化发展方向

"资源"是国际航空枢纽多元化发展的基础和纽带，航空枢纽可以剖析自身资源优势，进一步明确未来多元化发展战略方向。国际航空枢纽最基础的资源就是客货运输带来的流量，围绕旅客和货物可以提供更多的配套业务以增加收入，例如：可以发展商业零售、酒店业和物流业。此外，一般国际航空枢纽拥有大片的土地，可以发展房地产业、仓储业等。国际航空枢纽还具有一定的内部市场资源，作为一个庞大的建设主体单位，其投资建设、设施设备的采购安装、日常的维护保养、定期的更新改造、阶段性的扩容扩建等，都可以提供相对充足稳定的业务，如基建、地产、投资等业务。

不少机场或机场集团都是依托其核心业务上的管理能力，实现业务的多元化发展。例如，阿姆斯特丹史基浦机场集团利用其在机场开发方面的专业知识，为全球其他机场提供机场开发运营服务。阿姆斯特丹史基浦集团作为史基浦机场的运营商，还投资并合作经营了多个国际机场，其中还参与了纽约肯尼迪机场4号航站楼的开发、扩建和运营等。

也有充分利用土地资源发展不同业务，获取最大价值的机场或机场集团。例如，法兰克福机场是机场地产开发的典范，该机场开发了一个总面积为149万平方米的货运城，为航空公司和大型物流公司提供理想的物流设施。此外，法兰克福也利用土地资源发展与航空无关的多元化地产业务：法兰克福机场附近的 The Squaire 大楼与1号航站楼相连，这是一个面积超过14万平方米的商业综合体。大楼内设有办公室、零售商店以及日托中心、餐厅和沙龙等服务设施。新加坡樟宜机场在利用地产资源发展业务时有类似情况：在机场的核心位置建起了一座以自然为主题的娱乐和零售综合性建筑"星耀樟宜"。该建筑占地超过13.5万平方米，拥有280个零售和餐饮店、游乐景点、酒店以及一个栽有约2 000棵树的新加坡最大的室内花园。这些商业综合体虽然与机场航站楼相连，提高了客流量，但并不完全依赖航站楼，顾客可以直接从外部进入，并不一定需要通过机场航站楼进入，从而为机场带来了更多的非航空收入。

三、循序渐进的空港产业布局和协同发展

航空产业布局遵循圈层规律，循序渐进发展。国内外较具规模的航空枢纽其空港产业发展都遵

循一定的圈层规律，均是先做强主业规模，产生规模效益，再去拓展高附加值或者高关联性业务。业务关联性指的是在产业链上与航空运输主业的联系是否紧密。机场集团在选择业务发展时，立足核心主业，选择与航空主业关联性强的业务优先发展，保障主业发展、延伸品牌效应、提高整体竞争优势，与主业的规模保持一致性。在此基础上，循序渐进发展非关联业务。非关联业务与航空主业关联度不高，当航空主业受到影响时，能够降低整体业务波动，这也是机场集团寻求多元化发展的重要因素。

航空主业与空港产业实现协同发展。航空性主业与非航业务的协同发展，能够提高机场公司资源利用效率，促进机场公司高质量发展。紧紧围绕机场公司战略目标，通过采取加快基础设施建设、优化调整航班航线、提升地面协同保障效率等举措，增强航空客货运输规模，为其他非航业务引流。同时，拓展非航空性业务实现产业结构的多元化，促进产业结构优化升级，从而增加机场非航空性业务收入。非航空性业务的快速发展必将促进机场航空性业务的快速增长，而航空性业务的快速增长必将直接带动非航空性业务的增长。

四、深入挖掘非航业务价值拓宽收入来源

机场公司多元化经营的一个重要意义就是在保持主业稳健发展的前提下，积极挖掘机场资源和非航空业务的潜力，提升机场公司的非航收入占比。非航业务是机场业价值链中的重要环节，是机场商业资源的经营者和潜在价值的挖掘者，在为旅客提供服务的同时，能够最大化实现机场资源价值。

按照传统划分标准，一般当企业最主要的产品类的销售额占总销售额的比重小于70%时，企业的经营模式即可称为多元化经营。在图15-2所示的航空枢纽中，航空性业务收入占比均在40%以下，非航空性收入目前已成为各国际航空枢纽的主要收入来源。法兰克福机场的非航空性业务收入已经占到总收入的72.29%。

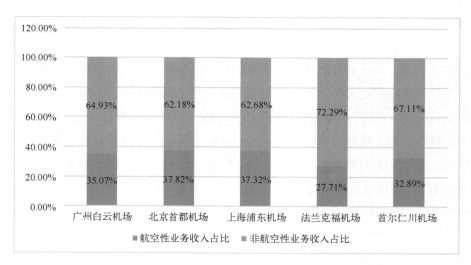

图15-2 2019年各国际航空枢纽航空性业务收入和非航空性业务收入占比

非航业务收益的高低代表了航空枢纽对其潜在有效资源的开发水平的高低，航空业务和非航空业务收入占航空枢纽总收入的比例已经成为评价航空枢纽商业化程度及经营水平的重要指标之一。

经营较成功的航空枢纽普遍重视多元业务的开展，并把非航空业务看作航空枢纽收入来源的重要组成部分。因此，对非航业务价值的深入挖掘，以及非航业务经营方式的探索和转变，是空港产业多元化发展过程中的重要内容。

五、与业务多元化发展相匹配的管控模式

航空枢纽在实现空港产业多元化发展的同时，要建立适合于多元化发展的管理机制。航空枢纽在空港产业多元化体系架构的形成过程中，面对的市场竞争压力也会不断增加。航空枢纽业务多元化的发展，对治理模式也提出了新的要求。为了能够更好地提升各业务的经营活力，同时发挥不同业务协同成长优势，航空枢纽要注意在管理机制上进行适当调整，借鉴和探索适合自身业务多元化发展的组织架构和管控模式。

目前，我国北京首都机场所属的首都机场集团、广州白云机场所属的广东机场集团和上海浦东机场所属的上海机场集团三大机场集团的治理架构和业务管控模式不尽相同。机场集团应根据不同业务特点建立适合该业务发展的经营与管理机制，以更好地适应集团公司的产业规模及经营决策过程中的市场反应要求，更好做到既能保持集团的战略落实、内部控制和降低经营风险，又能提高各业务的市场反应能力和竞争灵活性。

第三节　创新非航业务范围及经营模式

一、创新丰富非航商业服务内容

目前我国航空枢纽的非航业务主要集中在免税、零售、餐饮、广告、停车收入、租赁等传统的业务范围内。对比非航业务发展较好的其他国际航空枢纽，我国枢纽机场都能够在传统业务基础上，根据外部环境变化不断挖掘新的商业需求，打造非航商业新的增收点。尤其在后疫情时期，航空客货运输需求特征都有所变化，需要根据新发展形势，创新丰富非航商业服务内容。

在航空客运方面，精细化对旅客消费习惯的管理，对旅客需求进行细分，提供不同层面的差异化服务。在互联网+App条件下，手机改变了人们消费的手段与习惯，网上消费、支付宝、扫二维码等成为旅客消费主要手段，旅客的消费变化势必引起航空枢纽生态环境的变化。枢纽机场针对旅客消费习惯的变化，进行店铺布局、购物流程等方面的优化，以提高旅客消费的可能性。同时，做好机场特色商品体验店，让旅客可以线上购物、线下送货。利用互联网开设跨境电商，经营具有特色的商品，如品牌香水、时装、化妆品等高档消费品，方便旅客利用候机碎片时间就可以进行线上购物，线下提货，或者直接提货，甚至送货上门。

在现有零售模式基础上，引导产品创新，拓展营销渠道。建议对市场需求进行挖掘，与当地特色产业结合，例如结合旅游业，以旅客对机场和航空业的需求作为出发点，打造旅游业链条中的非航商业服务产品。根据旅游市场需求，结合免签政策、离境免税购物政策等，设计灵活与多元的航线产品，同时加强与酒店、旅行社等机构的合作。

在航空货运方面，抓住航空物流发展机会，提供航空货运配套的商业服务，比如仓储管理、报关服务等。与航空公司合作，细分航空货运服务，从机场航空物流角度出发，进行品牌化、产品化的航空物流服务建设，通过丰富非航业务内容来增加非航收入基数。

二、优化业务经营模式，引入其他经营方式

建议对不同盈利能力的商户分档，给予延长特许经营周期、提供无偿宣传等便利条件，提高商户经营的积极性，实现特许经营的增收。目前枢纽机场非航商业资源经营存在经营方式单一化的问题，主要以"特许经营"的模式为主，针对这一问题，对标其他国际枢纽，引入成熟的经营模式，比如"BOT专营模式"等。特别针对规模较大的商业业务和品牌的引入，可以将规划区域交由商户设计、建设，在规定的时间内收取一定的管理服务费用，提高该商业业务的专业性。

三、优化航站楼商业布局及旅客流程

在航站楼设计规划初期，合理布局航站楼商铺。我国机场航站楼大多采用"中央集权式"设计，将主要服务功能积聚在一起。这种设计会造成登机口的位置往往与公共服务区域距离较远。从客运服务特性看，旅客的休闲购物、消费行为往往在办理完所有登机手续，进入隔离区后，等待登机的过程中发生。这需要在航站楼规划设计初期进行功能布局时，尤其是在公共服务区的规划方面，尽量减少旅客的停留时间与焦虑情绪形成的可能性。进一步调整优化商铺布局，在出发和候机楼扩大满足出发旅客需求的餐饮类店铺数量和面积。

四、增加专业化管理及决策科学性

通过增强专业化管理能力及提高决策科学性，遴选优质商户资源。建议将招商宗旨锁定在四个方面：一是遴选具实力的品牌经营商，二是锁定长期可持续的合理收益，三是塑造具竞争力的行业标杆，四是助力城市购物品牌打造。在招商宗旨框定后，按照合理、应得的原则，确定租金计收方式，用招商规则和评标办法解决当前最为突出的非合理性报价问题。同时，设置严格准入条件，进行科学化综合性指标考评，真正甄别出品牌汇聚能力强、有市场规模、有渠道经验和营销能力的专业化供应商。以其专业规范的服务和合理价格吸引旅客消费，提升旅客获得感，达到机场与商家双赢和可持续发展的目的。

深化大数据应用，完善商业管理决策机制建设。从智慧机场建设的系统性思维出发，加强顶层设计，融合航空与非航业务各板块资源，打通信息化在机场各业务流程中的应用，形成数据共融、全景交互、流量转换新生态圈，真正把数据和互联网化作为机场非航发展的战略引擎。通过采集及分析商户、品牌、品类、商品等各类数据，统计各商户租售比、客流配比等情况，适时调整招商业态与品牌，弹性调整租金及合作方式，从而实现商业价值的最大化。突破传统意义的数据分析，从机场极具商业价值的流量入口，形成以机场商业购销权益为基础的异业联盟、交互平台等，实现流量资源的商业变现。

参 考 文 献

曹金升，吴涛，2020. 基于经济效益最大化的机场容量评估方法研究 [J]. 民航学报 4 (1)：5-8.

陈肯，程秋人，潘卫军，2019. 基于集对分析的中小机场运行风险水平态势评估 [J]. 安全与环境学报 19 (3)：743-753.

褚衍昌，陈飞超，2019. 基于超效率 DEA-Malmquist 指数的我国机场业运营效率评价研究 [J]. 重庆交通大学学报（自然科学版）38 (12)：115-122.

褚衍昌，吴育华，2006. 环渤海主要机场竞争力评价研究 [J]. 综合运输 (Z1)：101-104.

丁韵，2017. 基于因子分析法的国内主要千万级机场竞争力评价 [J]. 统计与管理 (8)：69-71.

董志毅，彭语冰，崔婷，2007. 我国中西部机场特征分析及其竞争力评价研究 [J]. 北京理工大学学报（社会科学版）9 (3)：82-87.

丰婷，罗帆，赵贤利，2015. 基于结构方程模型的机场飞行区安全风险因素分析 [J]. 武汉理工大学学报（社会科学版）28 (3)：371-376.

冯奎奎，翟文鹏，王玮卿，2019. 基于排队模型的乌鲁木齐机场容量评估 [J]. 数学的实践与认识 49 (21)：1-8.

冯霞，蔡蕊，李忠虎，2020. 融合机场属性和机场网络的机场群同质化级联分析 [J]. 北京交通大学学报 44 (2)：105-111.

高垒，田勇，万莉莉，等，2019. 机场航空器噪声评估及预测研究 [J]. 环境保护科学 45 (3)：13-20.

桂荔，2020. 机场噪声评估及控制概况 [J]. 科技资讯 18 (31)：85-88.

胡义平，2021. 基于主成分法的机场与地区经济发展综合评价分析 [J]. 空运商务 (5)：19-22.

黄津孚，2001. 资源、能力与核心竞争力 [J]. 经济管理 (20)：4-9.

黄学林，王观虎，龙小勇，等，2021. 机场道面预防性养护评价指标综合改进灰色预测模型 [J]. 铁道科学与工程学报 18 (12)：3228-3238.

惠山林，2017. 支线机场建设项目经济效益评价 [J]. 中国工程咨询 (11)：17-19.

康瑞，杨凯，2016. 民航支线机场跑道容量评估模型设计与仿真 [J]. 计算机仿真 33 (3)：32-36.

李建光，2019. 基于因子分析法的中小机场空管安全水平定量评估 [J]. 民航管理 (8)：50-54.

李正中，韩智勇，2001. 企业核心竞争力：理论的起源及内涵 [J]. 经济理论与经济管理 (7)：54-56.

梁小珍，黎建强，刘建华，等，2016. 基于机场竞争力评价的我国多层次机场体系研究 [J]. 管理评论 28 (12)：116-126.

林泽龙，2018. 基于 GIS 的机场噪声预测评估 [J]. 中国科技信息 (15)：40-41.

凌建明，刘诗福，袁捷，等，2017. 采用 IRI 评价机场道面平整度的适用性 [J]. 交通运输工程学报 17 (1)：20-27.

刘玉敏，康倩倩，王宁，2016. 基于 OWA 算子的机场服务质量评价方法研究 [J]. 管理现代化 36 (2)：76-79.

刘振国，姜彩良，王显光，等，2020. 基于系统韧性提升交通运输疫情防控与应急保障能力对策 [J]. 交通运输研究 6 (1)：19-23.

刘振江，范丽红，闫拯，2021. 夏季东部海滨机场鸟类群落结构分析与鸟击防范对策 [J]. 生态与农村环境学报 37

（11）：1430-1436.

陆迅，朱金福．唐小卫，2009. 航站楼车道边容量评估与优化 [J]．哈尔滨工业大学学报 41（9）：96-99，135.

吕宗磊，吴志帅，徐涛，等，2021. 面向空铁联运的枢纽航线网络优化模型 [J]．计算机工程与设计 42（4）：1188-1194.

罗刚，张海洋，吴春波，等，2020. 影响航空安全的高风险鸟类在中国境内的分布 [J]．航空发动机 46（5）：40-48.

莫辉辉，王姣娥，高超，等，2021. 机场群研究进展与展望 [J]．地理科学进展 40（10）：1761-1770.

欧阳杰，王茹，2015. 基于可接受间隙理论的机场出发层车道边容量评估 [J]．科学技术与工程 15（29）：193-198.

潘丹，罗帆，2018. 民用机场停机坪安全三维风险预警模型研究 [J]．安全与环境学报 18（4）：1258-1265.

彭语冰．李艳伟，2011. 枢纽机场竞争力评价研究 [J]．技术经济与管理研究（9）：11-15.

苏道明，2011. 机场竞争力评价指标体系的构建 [J]．中国民航飞行学院学报 22（1）：18-22.

苏道明，王明英，周官志，2010. 机场竞争力形成机理与评价指标体系的构建 [J]．湖南财经高等专科学校学报 26（1）：98-100.

孙继湖，谭康华，2012. 基于民航强国的机场竞争力评价 [J]．综合运输（12）：47-50.

田利军，姚丽霞，余佳，2021. 基于 PSR 模型的绿色机场发展指数评价研究 [J]．会计之友（3）：71-78.

王恩旭，吴荻，匡海波，2016. 基于标准离差-G1-DEA 的旅游机场竞争力与效率差异性评价的对比研究 [J]．科研管理 37（2）：152-160.

王强，左杰俊，钟琦，等，2020. 基于 AnyLogic 仿真的中小机场容量评估分析 [J]．航空计算技术 50（3）：21-24.

王维，孟丽娜，2017. 军民合用机场鸟击风险评价及防范措施改进研究 [J]．科学技术与工程 17（2）：16-21.

文军，徐志航，罗心雨，2021. 区域机场群竞争力评价与实证研究 [J]．航空计算技术 51（5）：10-14.

吴添祖，邹钢，2001. 论我国企业核心竞争力的提升与发展 [J]．中国软科学（8）：66-69.

吴文婕，杨兆萍，李松，等，2016. 丝绸之路经济带国际航空枢纽竞争力分析与战略研究 [J]．干旱区资源与环境 30（10）：47-52.

武中林，2019. 机场飞机噪声的评价分析和防治建议 [J]．化学工程与装备（3）：282-283.

夏庆，2020. 提升物流经济韧性的路径分析 [J]．中国物流与采购（11）：30.

肖琴，罗帆，2018. 基于突变理论和模糊集的机场飞行区安全风险评价 [J]．安全与环境学报 18（5）：1730-1736.

谢菲，夏洪山，王苗苗，等，2015. 基于顾客感知满意度的机场竞争力评价模型 [J]．交通信息与安全 33（3）：40-46.

徐吉朋，蔡良才，王观虎，等，2017. 机场飞行区设施保障效能准确评估仿真 [J]．计算机仿真 34（9）：70-73，87.

徐肖豪，臧志恒，2007. 机场飞行区运行评估的仿真方法 [J]．中国民航大学学报 25（S1）：11-13.

杨昌其，王馨悦，张晓磊，2021. 中小机场安全风险评价 [J]．航空计算技术 51（3）：37-40.

杨晓强，张智华，姜浩然，等，2020. CPE 和 G1 法的机场安全绩效评价指标体系研究 [J]．中国安全科学学报 30（3）：1-7.

杨新湟，王倩，2017. 机场群综合分类评价方法研究 [J]．现代电子技术 40（16）：135-139.

杨新湟，王梓旭，翟文鹏，2018. 基于聚类与灰色关联分析模型的机场群协同发展评价 [J]．数学的实践与认识 48（20）：304-310.

于剑，黄燕彬，褚衍昌，2011. 机场运营效率的组合评价方法研究 [J]．北京航空航天大学学报（社会科学版）24（4）：77-81.

翟文鹏，陈梵驿，金嗣博，2016. 基于分位数回归的机场容量评估 [J]．飞行力学 34（4）：86-89.

张君，2020. 绿色理念下的机场旅客服务质量评价体系构建研究 [J]．华东交通大学学报 37（6）：75-80.

张力员，2017. 一种机场容量评估方法 ［J］. 中国科技信息（2）：21-23，13.

张敏，翟文鹏，2018. 改进的证据理论在机场动态容量评估中的应用 ［J］. 中国科技论文 13（2）：167-170.

张晓玲，吴春春，2012. 基于灰色综合评价法的国内主要机场竞争力评价 ［J］. 物流工程与管理 34（11）：166-168.

张亚东，舒垚，李敞华，2015. 合肥新桥机场空铁联运综合评价研究 ［J］. 山西建筑 41（30）：230-231.

张永莉，周文彬，2016. 基于 M-FCE 的浦东机场货运核心竞争力评价 ［J］. 中国民航大学学报 34（1）：50-54.

赵桂红，2009. 基于主成分分析法的机场停机坪安全评价研究 ［J］. 统计与决策（7）：74-76.

朱长征，谷沛翔，徐志刚，2019. 基于熵权 TOPSIS 法的国内机场竞争力评价 ［J］. 北京交通大学学报 43（2）：124-130.

邹石，2019. 试论机场航空容量评估的计算机仿真方法 ［J］. 计算机产品与流通（9）：143.

ALABI B N T, SAEED T U, AMEKUDZI-KENNEDY A, et al, 2021. Evaluation criteria to support cleaner construction and repair of airport runways: A review of the state of practice and recommendations for future practice ［J］. Journal of Cleaner Production 312（8）：127776.

BALDO N, MIANI M, RONDINELLA F, et al, 2021. A machine learning approach to determine airport asphalt concrete layer moduli using heavy weight deflectometer data ［J］. Sustainability 13（16）：8831-8831.

BAO D W, ZHANG X L, GU J Y, 2018. Evaluation Method for Green Ecological Airports in China Based on Combination Weighting ［J］. Promet-Traffic & Transportation 30（4）：419-428.

BARNEY J B, 1991. Firm resources and sustained competitive advantage ［J］. Journal of Management 17（1）：99-120.

BARNEY J B, 1991. Special theory for the resource-based model of the firm: origins implications and prospects ［J］. Journal of Management 17（1）：97-98.

BARNEY J B, 1995. Looking inside for competitive advantage ［J］. Academy of Management Perspectives 9（4）：49-61.

CHANDLER A D, 1992. Organizational capabilities and the economic history of the industrial enterprise ［J］. Journal of Economic Perspectives 6（3）：79-100.

CHENG C, QI P, 2019. Impact analysis of parking price adjustment on the quality of service of airport parking lots for light vehicles ［J］. Journal of Advanced Transportation 2019（6）：1-9.

CUERVO M C, BUSTOS H, ALDANA A, 2013. Simulation Based on System Dynamics for Evaluating the Quality of Transport Service in a Complex Social System ［J］. Dyna 80（180）：33-40.

DIANA T, 2015. An evaluation of departure throughputs before and after the implementation of wake vortex recategorization at Atlanta Hartsfield/Jackson International Airport: A Markov regime-switching approach ［J］. Transportation research Part E: Logistics and Transportation Review 83（11）：216-224.

DISSANAYAKA D, ADIKARIWATTAGE V V, PASINDU H R, 2020. Evaluation of CO2 emission at airports from aircraft operations within the landing and take-off cycle ［J］. Transportation Research Record 2674（6）：444-456.

FERNANDES E, PACHECO R R, 2010. A quality approach to airport management ［J］. Quality & Quantity 44（3）：551-564.

FRANCISC P, IOANA I, CAMELIA T, 2011. Evaluation of air quality in airport areas by numerical simulation ［J］. Environmental Engineering & Management Journal 10（1）：115-120.

GHANDLER G N, HANKS S H, 1994. Founder competence, the environment, and venture performance ［J］. Entrepreneurship Theory and Practice 18（3）：77-89.

GRANT R M, 1991. The resource-based theory of competitive advantage: implications for strategy formulation ［J］. California Management Review 33（3）：114-135.

GRANT R M, 1996. Prospering in dynamically competitive environments: Organizational capability as knowledge integration

［J］. Organzation Science 7（4）：375-387.

GUARINI M R, CHIOVITTI A, ROCCA F, 2018. Multicriteria spatial decision analysis for the development of the Italian minor airport system［J］. Journal of advanced transportation 2018（7）：1-33.

HOSSAIN M M, ALAM S, DELAHAYE D, 2019. An evolutionary computational framework for capacity-safety trade-off in an air transportation network［J］. Chinese Journal of Aeronautics 32（4）：999-1010.

HUMPHRIES E, LEE S J, 2015. Evaluation of pavement preservation and maintenance activities at general aviation airports in Texas：practices, perceived effectiveness, costs, and planning［J］. Transportation Research Record 2471（1）：48-57.

KEIS F, 2015. WHITE-Winter hazards in terminal environment：an automated nowcasting system for Munich Airport［J］. MeteorologischeZtschrift 24（1）：61-82.

KUO M S, LIANG G S, 2011. Combining VIKOR with GRA techniques to evaluate service quality of airports under fuzzy environment［J］. Expert Systems with Applications 38（3）：1304-1312.

LIU G G, NIU F J, WU Z W, 2020. Life-cycle performance prediction for rigid runway pavement using artificial neural network［J］. International Journal of Pavement Engineering 21（14）：1806-1814.

LOPEZ-LAGO M, CASADO R, BERMUDEZ A, et al, 2017. A predictive model for risk assessment on imminent bird strikes on airport areas［J］. Aerospace Science and Technology 62：19-30.

MA X Y, DONG Z J, CHEN F C, et al, 2019. Airport asphalt pavement health monitoring system for mechanical model updating and distress evaluation under realistic random aircraft loads［J］. Construction and Building Materials 226（11）：227-237.

MARTIN J C, ROMAN C, 2006. A benchmarking analysis of Spanish commercial Airports. A comparison between SMOP and DEA ranking methods［J］. Networks and Spatial Economics 6（2）：111-134.

NAHVI A, SAJED S M, CETIN K, et al, 2018. Towards resilient infrastructure systems for winter weather events：Integrated stochastic economic evaluation of electrically conductive heated airfield pavements［J］. Sustainable Cities and Society 41（8）：195-204.

NING H S, CHEN W S, 2014. Bird strike risk evaluation at airports［J］. Aircraft Engineering and Aerospace Technology 86（2）：129-137.

PENROSE E T, 1959. The theory of the growth of the firm［M］. Oxford：Basil Blackwell.

PISHDAR M, GHASEMZADEH F, ANTUCHEVIIEN J, 2019. A mixed interval type-2 fuzzy best-worst macbeth approach to choose hub airport in developing countries：Case of Iranian passenger airports［J］. Transport 34（6）：639-651.

PRAHALAD C K, HAMEL G, 1990. The core competence of the corporation［J］. Harvard Business Review（5/7）：79-91.

SADATI S M S, CETIN K, CEYLAN H, et al, 2018. Energy and thermal performance evaluation of an automated snow and ice removal system at airports using numerical modeling and field measurements［J］. Sustainable Cities and Society 43（11）：238-250.

SANGWAN D, JAIN D K, 2019. An Evaluation of Deep Learning based Object Detection Strategies for Threat Object Detection in Baggage Security Imagery［J］. Pattern Recognition Letters 120（4）：112-119.

SANTA S L B, RIBEIRO J M P, MAZON G, et al, 2020. A Green airport model：proposition based on social and environmental management systems［J］. Sustainable Cities and Society 59（8）：102160.

SAQER H, NAZZAL M D, ABBAS A, 2021. Evaluation of the performance of asphalt mixes for airport pavements［J］. Journal of Materials in Civil Engineering 33（4）：04021029.

SARKIS J, TALLURI S, 2003. Performance based clustering for benchmarking of US airports［J］. Transportation Research Part A：Policy and Practice 38（5）：329-346.

SCHWAB O, ZELLMANN C, 2020. Estimation of flight-phase-specific jet aircraft parameters for noise simulations [J]. Journal of Aircraft 57 (6): 1111-1120.

SELZNICK P, 1957. Leadership in administration [M]. New York: Harper & Row.

SIMONETTI I, MALTAGLIATI S, MANFRIDA G, 2015. Air quality impact of a middle size airport within an urban context through EDMS simulation [J]. Transportation Research Part D: Transport and Environment 40 (10): 144-154.

STEYN W J, LOMBARD S, HORAK E, 2016. Foamed concrete-based material as a soft ground arresting system for runways and airfields [J]. Journal of Performance of Constructed Facilities 30 (1): C4014006.

STORTO C I, 2018. Ownership structure and the technical, cost, and revenue efficiency of Italian airports [J]. Utilities Policy 50 (2): 175-193.

TAGHIZADEH S A, SHAFABAKHSH G H, AGHAYAN I, 2019. Evaluation of aircraft emission at Imam Khomeini International Airport and Mehrabad International Airport [J]. International journal of Environmental Science and Technology 16 (1): 6587-6598.

TEECE D J, 1984. Economic analysis and strategic management [J]. California Management Review 26 (3): 87-110.

TEECE D J, PISANO G, SHUEN A, 1997. Dynamic capabilities and strategic management [J]. Strategic Management Journal 18 (7): 509-533.

TIAN Y, WAN L L, YE B J, et al, 2019. Research on evaluation of airport environment capacity [J]. Journal of Intelligent and Fuzzy Systems 37 (2): 1695-1706.

TOMAS K, ROMANA C, 2022. Measuring the impact of an administrative fine on a company and its future survival: A case study from the Czech Republic. Financial Internet Quarterly 17 (4): 34-49.

VOGIATZIS K, 2012. Airport environmental noise mapping and land use management as an environmental protection action policy tool. The case of the Larnaka International Airport (Cyprus) [J]. Science of the Total Environment 424: 162-173.

WANG J Y, NING H S, CHEN W, et al, 2012. Airport bird-strike risk assessment model with grey clustering evaluation method [J]. Chinese Journal of Electronics 21 (3): 409-413.

WANG Z W, SONG W K, 2020. Sustainable airport development with performance evaluation forecasts: A case study of 12 Asian airports [J]. Journal of Air Transport Management 89 (10): 1-13.

ZACHARY D S, GERVAIS J, LEOPOLD U, 2010. Multi-impact optimization to reduce aviation noise and emissions [J]. Transportation Research Part D: Transport & Environment 15 (2): 82-93.

ZHAO B, WANG N, FU Q, et al, 2019. Searching a site for a civil airport based on bird ecological conservation: An expert-based selection (Dalian, China) [J]. Global Ecology and Conservation 20 (11): e00729.

ZHOU H, LI Y, GU Y, 2021. Research on Evaluation of Airport Service Quality Based on Improved AHP and TOPSIS Methods [J]. Proceedings of the Institution of Civil Engineers-Transport 174 (4): 267-278.

ZIDAROVA E D, ZOGRAFOS K G, 2011. Measuring quality of service in airport passenger terminals [J]. Transportation Research Record 2214 (1): 69-76.